職場トラブル解決のヒント！

弁護士　　向井 蘭
　　　　　岸田 鑑彦

労働調査会

はしがき

　2014 年頃、『先見労務管理』編集部の方から毎月連載のお話をいただき、わたくし向井蘭と岸田鑑彦弁護士で担当することになり、連載開始からいつの間にか 9 年目になろうとしております。

　テーマや内容については私たち 2 人が自由に書いて良いとのことで、自由に 8 年間、2 人で執筆を続けてきました。

　まず、執筆内容を振り返ると時代の変遷を感じます。特に多いのがパワーハラスメントに関する記載です。

　連載当初もパワーハラスメントは問題になっておりましたが、年々パワーハラスメントの相談件数や紛争は高水準で推移しており、連載内容にもパワーハラスメントの記載が増えていきました。

　本書でもパワーハラスメントの調査方法（**39**〜**42**「パワハラ調査の留意点とは？」）、パワーハラスメントの事実認定（**50**「パワハラ調査における事実認定の留意点！」）など、より実務的な内容を掲載しております。

　また、解雇に関する記載も、今回多くの内容を占めております。

　成績不良の問題社員の解雇問題、不正を行った従業員の解雇問題など実務上よく起きる問題について掲載しております（**1**「成績不良の問題社員を解雇できる？」、**6**「不正を行ったとみられる従業員の解雇は可能か？」）。こちらは昔からある実務上の解雇のポイントをまとめたものです。

　日本の解雇規制が厳しいことが徐々に広まっているからなのかわかりませんが、退職勧奨についての相談も増加しております。本書では、退職勧奨について、退職勧奨前の確認ポイント（**28**「退職勧奨前に確認しておくべきことは？」）なども掲載しています。

　また、訴訟などの解決金の相場についても記載しております（**16**「退職和解における解決金の相場は？」）。

1

問題社員対応についての相談も増加しております。人手不足から採用がままならず、働き始めてから様々な問題が発生するようです。

　問題社員対応についても、昔からあるご相談内容ですが、対応を誤ってしまうと、昔と異なり、SNSでの炎上やインターネットでの書き込みにより会社がダメージを負ってしまいます。炎上などというと大企業や特定の企業のみが問題になりそうですが、今は中小企業であっても、グーグルビジネスなどの書き込み欄に書き込まれ、求人に人が応募しなくなってしまいます（**35**「人手不足時代で増加する！「炎上」労務トラブル」）。

　問題社員の炎上を防ぐ方法は中々決定的なものはありませんが、会社と対象従業員との間で現状認識にかなりの差があることが多く、この認識の差を埋めるために、日報を作成することを推奨しています。同時に労働問題には認知バイアスが関係しているのではないかと思われる場合も多く、認知バイアスについても本書で紹介しております（**54**「問題社員対応に関する主要な認知バイアスとは？」）。

　メンタルヘルスに関する相談も依然としてかなりの割合を占めております。特に難しいのが復職時の職場復帰判断ですが、実は訴訟対応という観点では主治医の面談が非常に重要になりますので、主治医面談の質問事項について記載をしております（**17**「主治医に従業員の健康状態を聞かずに解雇は問題か？」）。

　就業規則については、就業規則の厳しさについて記載をしております。実務上、就業規則の記載が問題になることが一定割合あり、特に就業規則の書き間違え、書き漏らしについては裁判所は会社に厳しい判断を示します（**10**「就業規則への記載ミスのリスクは会社が負う？」）。

　以上、本書について概要をご紹介致しましたが、皆様の実務上のお役に立てれば幸いでございます。

職場トラブル解決のヒント！

● 目次 ●

1 **成績不良の問題社員を解雇できる？**

#解雇　#解雇無効　#注意指導　#懲戒処分　#配置転換

【トラブル事例】
①営業成績が2年間にわたり最下位
②取引先に嘘の報告、約束の時間に遅れるなどクレーム多数
③就業時間中に居眠り、アダルトサイト・競馬サイトを閲覧
…という社員を解雇したところ、解雇無効の裁判を提起して
きたケース

（1）解雇の大きな壁

　実際にこのような解雇裁判をいくつか経験しています。ぶ
らさがり社員、問題社員の典型例です。このような社員は、
とても会社では使えません。解雇も当然認められてしかるべ
きです。

　しかも幸いなことにこの事案では、取引先からのクレーム
のメールや、アダルトサイト・競馬サイトの閲覧履歴など勤
務態度不良を基礎づける客観的な証拠がそろっていました。
また、営業成績が最下位なのは毎月の成績表を見れば明らか
です。

　どう考えても、裁判所は解雇を有効と認めてくれるだろう

と普通は思います。解雇した社長さんもそう思っていました。

　しかし、このような場合でも手順を間違えば解雇無効で負けてしまうというのが日本の労働裁判です。

　この事案の問題は、会社が一度も問題社員に対して、文書での注意指導や懲戒処分をしていなかったことです。なぜ注意しなかったのかというと、「いい大人なので言わなくてもわかる」、「周りの従業員の反応をみれば自分自身で自覚するはずだ」という社長の考えがあったからです。非常に温厚な社長さんでした。

　しかし、裁判所から言われた言葉は、「問題だと思っていたならなぜ注意指導や懲戒処分をしなかったのですか？」、「成績が悪いのはわかっていたのだから、何か会社の方で対策は取ったのですか？」です。問題社員の行動を責める言葉はなく、まずこの発言でした。社長は愕然としていました。社員を信じ、社員の自覚に任せた結果、社員が悪いのではなく、その社員を教育指導しなかった会社が悪いと断言されてしまったのです。大袈裟ではなくこれが現実です。

　この事案では、その後、この問題社員に別の不正が発覚したため、解雇の有効性については判断には至らず終了しましたが、最後まで争っていれば、解雇無効と判断された可能性が非常に高い事案でした。

（2）解雇無効になると社員は戻ってくる

　労働者の争い方次第ですが、通常訴訟で解雇が無効だとい

うことになれば、本人が希望すれば会社に戻ってきます。また、就労していなかった期間についても、会社が正当な理由なく就労させなかったことになりますから、その間の賃金も支払わなければなりません。

　単純に考えても、月収40万円の社員を解雇し、2年間の裁判の後に解雇無効と判断されると、遅延損害金等を無視しても、960万円を支払って、かつ職場に戻ってくることになります。特に40代、50代の社員の場合、平気で職場に戻ってきます。この年代の人はそう簡単に次の転職先はみつかりません。家族を食べさせなければいけません。住宅ローンもあるかもしれません。なりふりかまっていられないのです。会社に居づらいとか問題ではないのです。

　そうなると社内はぐちゃぐちゃです。問題社員1人のために会社存続の危機に陥ることすらあるのです。

（3）考えなければいけないこと

　まずは、怪しいと思う人は雇わないことです。履歴書を見て、頻繁に転職しているような場合や仕事をしていない期間がある場合など、少しでも疑問を持った場合は、慎重に検討された方がよいです。経営者の「怪しい」という直感はよく当たります。

　また、能力不足を理由とする解雇は非常に難しいのが実情です。裁判官はその会社の社員ではありませんから、能力不足をイメージしにくいのです。そのため、解雇に至るまでの

プロセスが非常に重要です。しつこいほど教育指導を行い、配置転換など能力発揮の機会を与える等、すべきことを尽くす必要があります。

　例えば、問題社員は月に2回定期的に面談をして仕事の進捗を確認し、実際に本人に問題点を指摘して自覚させ、問題改善のための目標を一緒に設定し、その目標達成のための観察期間を設け、目標達成の有無を確認する等、時間と手間をかけることが必要です。それでも問題改善しない場合は、他の部署に配転し能力発揮ができないかといった検討もしなければならないでしょう。降職や降級の余地があれば、解雇の前に検討しなければならないでしょう。

　同じように、勤務態度不良を理由とする解雇の場合も、文書による注意指導を行い改善の機会を与えることが必要です。

　要するに解雇はそれだけの覚悟がいるということです。とりあえず解雇して、裁判で和解すればいいという考えではダメです。和解に応じるか応じないかは社員次第です。解雇無効と判断される場合、上記のように社員が、何が何でも会社に戻りたいと言われたら、戻さざるを得ないのです。

　会社は社員を雇い入れた以上、社員を育てる責任があります。子供は何度言っても言うことを聞きません。それを時に厳しく、時に優しく教育するのが親の務めです。従業員も同じです。いい大人だと思わず、子供を教育するくらいの心持ちで手間と時間をかけて社員と向き合うことが肝要です。このことは解雇裁判を通じて毎回痛感します。

2 勤務態度不良社員を処分できる？

#解雇　　#解雇無効　　#訴訟

【トラブル事例】

①上司が営業活動に疑問を持ち同行指導をしようとしたが、
　上司の同行指導を何度も拒否した

②社内のパソコンを故意に損壊した

③ガソリン代を不正に請求した

（1）金銭の窃盗・横領・詐取は解雇事由になり得る

　社内の金銭を盗むこと、横領すること、騙し取ることはいずれも解雇事由に当たり得ます。特に金銭を取り扱う職種、職務の場合は、少額の窃盗、横領であっても裁判所は解雇を有効と判断します。例えば、川中島バス事件（平 7.3.23 長野地裁判決）では、ワンマンバス運転手について 3800 円の着服行為を理由にした懲戒解雇を有効と判断しました。

　日本の裁判所は能力不足、成績不良を理由とする解雇についてはなかなか解雇を有効と認めないのですが、金銭の窃盗・横領・詐取については従業員側に厳しく判断します。

　この事案では、ガソリン代の不正請求が問題になりました。社用車を営業活動に使う場合、会社がガソリン代を負担して

いました。しかし、この問題となる従業員は不自然な給油を頻繁に行っており、会社はガソリン代を不正に請求したと判断し、懲戒解雇に踏み切りました。その他にも、当該従業員は、上司の指導を拒否したり、暴言を吐いたり、同僚を脅すような発言を繰り返していました。会社は、従業員は解雇を受け入れるだろうと考え、事前に弁護士等の専門家には相談しませんでした。

（2）怪しいだけでは解雇できない

　従業員側は職場復帰を求めて地位確認訴訟を起こしました。訴訟では会社にとって意外な展開が待っていました。裁判所は会社の主張を認めず、従業員であることの地位を確認する（解雇無効）旨の判決を出しました。従業員側はガソリン代の不正請求については「細切れに短期間に給油をしていたのは手持ちの現金が少なかったからであり、ガソリン代を不正に請求していない」と主張していました。地方裁判所は、会社の主張を裏付ける証拠が足りないとして、この従業員側の主張を全面的に認め、ガソリン代の不正請求を否定しました。

　その後、高等裁判所の段階から、弊法律事務所が受任しました。証拠を全て見なおしたところ、車の走行距離とガソリン代の請求金額との間の矛盾を発見しました。まれに満タンでガソリンを給油することがあったのですが、満タンで給油した時点から次の満タンで給油した時点までのガソリン給油量と走行距離が普通乗用車では考えられない異常に悪い燃費

になっていました。

　つまり、自動車が故障している、走行距離の記録が不正確などの特段の事情がない限り、ガソリン代の不正請求を行っている事実が明らかになったのです。おそらく、私用の自動車に給油し、その金額を会社に請求していたと思われます。その結果、高等裁判所の判決では、ガソリン代の不正請求を認めるに至りました。怪しいだけでは証明することは難しく、相手の言い分を想定してそれでも証明可能な内容を準備しないといけません。

　訴訟では、「正義」が勝つとは限りません。当事者それぞれが「正義」を主張するからです。訴訟では、有力な証拠及び証拠に基づいて主張できる当事者が、有利な解決をすることができます。

（3）勤務態度不良についても証拠が重要

　勤務態度についても、地方裁判所の段階では、会社の主張は認められませんでした。会社の主張を裏付ける上司のメモがあったのですが、地方裁判所は、そのメモの信用性を否定していました。高等裁判所の段階では、会社側はこのメモが信用できるかに重点を置いて主張しました。客観的事実に合致していること、手書きで記載しており、あとから加筆した跡がないこと、自分の手控えで記載しているもので会社に不利な事実も正直に記載していることなどを主張したところ、裁判所はメモの信用性を認め、その結果、当該従業員の問題

行動も認定されるに至りました。勤務態度が不良であっても、勤務態度不良を証明する客観的証拠が無いことが多く（証言は証拠としての価値は低いと考えられています）困難な場合も多いのですが、幸いなことに上司のメモをもとに当該従業員の問題行動を証明することができました。

（4）深刻なトラブルを起こす人の共通点

　この当該従業員は、家庭の事情があり残業ができず、なかなか転職が難しい人でした。経済的にも追い込まれている人でした。あとから考えれば、解雇を簡単に受け入れてもらえるような人ではないことが分かるのですが、なかなか会社はその背景事情を事前に理解することができませんでした。ましてや、数年に渡る深刻な訴訟になるとは夢にも思わなかったと思います。

　多くの従業員は、経済的・社会的に追い込まれて労働訴訟を起こしております。そのため、従業員の置かれた経済的・社会的な立場を具体的に考えれば、深刻なトラブルが起きるか否かは実は事前に予測可能な場合が多いのです。なかなか難しいことですが、私自身も「自分が相手の立場に立ったら、この場合どのような行動をとるだろうか」と常に考えて労働問題に取り組んでおります。

3 配転命令拒否する社員の対応どうする？

#配置転換 #就業規則 #解雇 #育児・介護 #パワハラ

【トラブル事例】

様々な理由をつけて配転命令を拒否する社員の対応

・転勤があるとは聞いていない

・通勤時間が極端に長くなるため体力的に厳しい

・両親の介護のため単身赴任はできない

・配転予定先の上司から以前パワハラを受けたことがある

・退職に追い込む目的の配転である

（1）配転命令をめぐるトラブル

　日本の裁判所は、使用者による解雇を厳格に制限する代わりに、配転を含む労働力の活用については、使用者の裁量を広く認めています。

　しかし、配転をめぐる紛争は後を絶ちません。最近は、家庭の事情を理由に配転を拒否するケースが増えてきた印象です。本当に配転に応じられない事情があるのか、単なるわがままなのかを見分けることが企業運営の観点から重要になってきます。

（2）配転を命ずる根拠はあるか

　意外な落とし穴ですが、配転を命じた後に、就業規則に配転を命じる規定がないことが判明したケースがあります。裁判官は、就業規則に根拠がない点に重きを置き、会社に非常に厳しい判断を下しました。

　ほとんどの会社では、就業規則に「業務の都合により配転を行うことがある」旨の規定があると思いますが、確認は必要です。また配転に限らず、懲戒処分などを行う場合は、就業規則に立ち返りその根拠を確認するようにしてください。

（3）勤務地限定合意のハードルは高い

　転勤があるとは聞いていない、転勤はさせないと社長が言った等、勤務地限定合意を理由に配転拒否するケースがあります。

　しかし、社内で日常的に配転が行われており、かつ就業規則に配転の根拠規定があるような場合は、契約書等に勤務地を限定する旨を明記しないと、裁判所は簡単には勤務地限定の合意を認めません。

　もっとも、最近では、従業員が社長との会話を秘密録音して、その録音データが裁判で証拠として出てくることがあります。口頭であっても合意は合意ですので、うかつな発言には注意が必要です。

（4）配転命令が無効になる場合

　配転命令が権利濫用として無効になるのは、①業務上の必要性を欠く場合、②労働者に通常甘受すべき程度を著しく超える不利益を負わせる場合、③業務上の必要性があっても不当な動機や目的がある場合です（東亜ペイント事件／昭61.7.14最高裁判決）。なお業務上の必要性については、余人をもって替え難いほどの高度の業務上の必要性である必要はなく、企業の合理的運営に寄与する程度で足りると言われています（同判決）。

（5）配転の理由を考える

　裁判になった場合、業務上の必要性と不当な動機目的はセットで争われます。すなわち、業務上の必要性がないのに配転を強行するのは、退職に追い込む等の不当な動機目的があるからだと言ってきます。

　ですから、配転の前に配転理由を考えてください。特に、今回のような配転が社内で過去にもあったか否か、なぜ当該従業員を対象にしたのか、なぜこの時期に実施するのかという点は説明できるようにしてください。裁判で間違いなく聞かれます。

（6）通勤時間の限界とは

　通勤時間が増えることは労働者にとって負担となりますが、直ちに配転命令が権利濫用になるわけではありません。

具体的に何時間までであれば許容されるといった基準はありませんが、裁判例では片道約２時間（配転前は約１時間）の事業所への配転を有効としています（ケンウッド事件／平12.1.28最高裁判決）。

　私の経験からも、片道２時間を大幅に超えるようだと裁判所も難色を示すという印象を受けます。

　通勤時間が大幅に増える場合は、引越しを提案する（引越し費用を負担）などの配慮が望ましいです。これらは、労働者の不利益の緩和というだけでなく、不当な動機目的でないことの裏付けにもなります。

（7）考慮すべき家庭の事情とは

　最近は、「ワークライフバランス」ということがよく言われ、親の介護、育児等の家庭の事情で配転を拒否するケースが増えています。この考え自体を否定するわけではありませんが、従業員には雇用契約の基本的義務である労務提供義務があることを前提にした議論をすべきだと考えます。

　親の介護を理由にする場合、少なくとも介護が必要かどうか（要介護認定の有無）、他に介護を頼める人がいないか、当該従業員がどの程度介護に関わっているのか等は少なくとも確認すべきです。本人の事情で配転を断る以上、従業員はその説明をすべきと考えます。同じような事案で、上記の点を確認したところ、実は両親は当該従業員の妹夫婦と同居しており、当該従業員が日常的に介護をしているわけではない

ことが判明したこともありました。

　そのほか、病気治療が理由の場合も例えば転勤先で同じよ
うな治療が受けられる病院がある場合もあるので、必ずしも
配転を断念しなければならないわけではありません。ただ、
特殊な病気で、治療できる病院が限られている場合は考慮す
べきです。

（8）単なるわがままを許さない

　日常的に配転が行われている会社において、配転を容易に
拒否できるとなれば人事の滞留が起こり、企業運営に大きな
影響を与えかねません。また周りの従業員は見ています。一
部の従業員だけ配転が免除されているとなると不満がたまり
ます。

　例えば、配転予定先の上司から以前パワハラを受けたと
言って配転を拒否するケースです。確かにメンタルの問題は
昨今非常に慎重な取り扱いが求められますが、これを全て認
めてしまうと単なるわがままも許してしまうことになりかね
ません。

　まずそのような申し出があれば、事実確認をすべきであり、
最初のうちは2人で仕事をさせない、相談窓口を設ける、1
週間に1回、慣れてくれば1カ月に1回、担当者と面談を実
施する等の配慮をすることで配転も可能だと思われます。

（9）解雇を見据えた配慮が必要

　配転を拒否したまま出社しなくなれば業務命令違反となり、最終的には解雇を検討せざるを得ません。

　解雇の有効性は、配転命令の有効性にかかってきます。裁判所は、会社の配慮を見ます。会社としてやるべきことをやったといえることが重要です。配転を実施するにあたり、あまりに配慮（特別な家賃補助等）をしすぎて悪しき前例を作るのは避けるべきですが、解雇裁判を見据えて可能な範囲での配慮は惜しむべきではありません。

4 厳しい指導はパワハラか否か？ その1

#パワハラ　#注意指導

【トラブル事例】

　今回は、さわぎり事件（平20.8.25 福岡高裁判決）を紹介します。さわぎり事件は、海上自衛隊の事案で、上司が部下に対し「お前は三曹だろ。三曹らしい仕事をしろよ」「お前は覚えが悪いな」「バカかお前は。三曹失格だ」などと述べ、執拗に厳しい指導を繰り返し、その結果部下が自殺するに至ったと認定された事案です。

　裁判所は、「ある程度厳しい指導を行う合理的理由はあった」が、「人格自体を非難、否定する意味内容の言動であった」もので、「目的に対する手段としての相当性を著しく欠く」と指摘し、心理的負荷ないし精神的疲労を過度に蓄積させない注意義務に違反したと認定しました。

（1）場合によっては、厳しい指導を行ってもよい

　さわぎり事件判決では「ある程度厳しい指導を行う合理的理由はあった」と認定しています。「海上自衛隊の護衛艦の機関科に所属する隊員は、日常の業務においても、事故が発生した際には人命や施設に大損害が及ぶおそれもある上、場

合によっては、危険な任務に臨むことも想定され、できるだけ早期に担当業務に熟練することが要請される」ためです。パワハラ＝厳しい指導ではありません。必要な指導は必要な範囲で厳しく行うことを禁止しているわけではありません。指導の内容が問われています。

（2）反復性と人格非難

　上司からすれば指導しているつもりでも、指導を受ける人によっては精神的な疲労が蓄積し、精神疾患を発症し、その結果、さわぎり事件のように自ら死を選ぶ事例もあります。

　どこまでの指導が許されるのかは難しい問題ですが、ポイントは反復性と人格非難にあると思います。さわぎり事件判決では、上司が部下に対し「お前は三曹だろ。三曹らしい仕事をしろよ」「お前は覚えが悪いな」「バカかお前は。三曹失格だ」と発言しました。この発言自体、適当なものとは思えません。しかし、実際に、上司も人間ですので、日常生活でついこのような発言をしてしまう場合もあると思います。「バカかお前は。三曹失格だ」との発言は不適当だとしても、「お前は三曹だろ。三曹らしい仕事をしろよ」「お前は覚えが悪いな」との発言は、責任感を促す、本人の欠点を指摘する範囲を超えず、これ自体が違法性の強い発言とは思えません。

　同事件では、裁判所は、「閉鎖的な艦内で直属の上司である班長から継続的に行われたものであるといった状況を考慮」したと判断しています。裁判所は、当該上司が、閉鎖的

な人間関係の中で執拗に同種発言を繰り返し行っていること
を重視していることが分かります。

　つまり、パワハラ行為の反復性と人格非難の程度で違法性
を判断している可能性があります。上司も人間ですから、不
用意に部下の人格を非難する場合もあります。その場合でも
そのようなパワハラ行為を反復させない仕組みを作らないと
いけません。企業によっては匿名のパワハラ相談窓口を設け
ている所もあり、パワハラの対象者である従業員自ら声を上
げなくとも、何らかの抑制が働くよう会社全体で努力する必
要があります。

(3) 常日頃の人間関係とフォロー

　一方、さわぎり事件では、原告である遺族は同じように別
の上司がパワハラをしていたとして責任を追及していまし
た。しかし、その上司の責任は否定されました。

　当該上司は、「ゲジ2が2人そろっているな」や「百年の
孤独要員」との発言をしていましたが、死亡した自衛官が希
望していた護衛艦への推薦を行っていたり、仕事外で部下を
自宅に招いて食事をしたりしていました。

　これらの行為を評価して、裁判所は「客観的にみて、R2
班長はAに対し、好意をもって接しており、そのことは平
均的な者は理解できたものと考えられるし、Aもある程度は
これを理解していたものであって、R2班長の上記言動はA
ないし平均的な耐性を持つ者に対し、心理的負荷を蓄積させ

るようなものであったとはいえず、違法性を認めるに足りないというべきである」と判断しました。

　上司も、人間ですから、頭に来て部下にひどいことを言うこともあります。しかし、その後のフォローを行ったり、常日頃の人間関係を構築していれば、それはパワハラではなく、指導の範囲内であるとして評価されることがあります。パワハラかどうかは単なる一時的な発言や指導方法のみを評価するものではありません。指導すべきことは指導し、その後のフォローや人間関係の構築は忘れない、当たり前といえば当たり前のことを行えばよいのです。

5 厳しい指導はパワハラか否か？ その2

#パワハラ　#注意指導　#退職勧奨　#労働災害　#聞き取り

【トラブル事例】

　パワハラ裁判例として大裕事件（平 26.4.11 大阪地裁判決）を取り上げます。会社の対応のまずさから、加害者だけでなく、会社責任も問われた事案です。

　この事件は、従業員約 30 名の会社の総務課長（加害者）が、就業時間中に部下である原告（被害者）に対して「アホでも小学生でもわかるやろ」等の叱責を行ったことについて、人格権を違法に侵害する不法行為だと認定したうえで、会社がパワハラ行為の存在を認識しながら注意指導しなかったこと、むしろ原告に対して懲戒解雇をちらつかせるなど退職勧奨を繰り返し行ったことが雇用契約上の債務不履行及び不法行為に当たると認定しました。

（1）会社の責任も問われる

　この事件で裁判所は、会社の責任として「原告の生命及び身体等に対する安全配慮義務（労働契約法第 5 条参照）を負っている」、「その安全配慮義務の一内容には、労働者が就労するのに適した職場環境を保つように配慮する義務も含ま

れる」と述べ、以下の会社の対応のまずさを指摘しました。

対応のまずさ①：注意・指導をしなかった

　取締役部長は、総務課長の原告に対する業務上の指導の態様が不相当であることを認識していながら、注意・指導をしていませんでした。

　むしろ取締役部長は、原告から、総務課長のパワハラ行為について申告を受けた際も、「（総務課長は）発言や態度がきつく、不適切で乱暴な言葉遣いをすることは把握しているが、（総務課長）の仕事ぶりには問題がないし、人はそう簡単に変わるものではない」等、総務課長を擁護するかのような発言をしていました。

　裁判所は、会社において、総務課長に対し適切な注意・指導を行っていればパワハラ行為の発生を防ぐことは可能だったとして、会社の対応のまずさを指摘しています。

対応のまずさ②：懲戒解雇をちらつかせた退職勧奨

　神経症により休養が必要である旨の診断書が提出された後に行われた原告と会社（代表取締役や取締役が出席）との面談における会社の対応が問題になりました。

　2度の面談で会社は、パワハラ行為の存在を否定し、原告の神経症は労災認定されることはないなどと断定するとともに、懲戒解雇に相当する事由など存在しないにもかかわらず、原告を懲戒解雇する可能性もちらつかせるなどして、原告に

対し、繰り返し退職届を提出するように求めました。

　裁判所は、「このような会社の行為は、すでに精神障害を発症している原告の身体の安全及び健康に対する配慮を欠き、原告の精神障害を増悪・遷延化させるおそれがあるものとして、安全配慮義務に違反する」とし、会社の対応のまずさを指摘しました。

　本件では、そもそもパワハラ申告に対し、会社がきちんと調査していたのか不明ですが、少なくとも、取締役部長は、総務課長の原告に対する業務上の指導の態様が不相当であることを認識していたのですから、「今後は誤解がないように指導方法については改善するよう会社から総務課長には注意する」等、原告に対する説明の仕方について検討する余地があったといえます。

　また、懲戒解雇をちらつかせた退職勧奨についても、退職勧奨そのものが直ちに違法とはいえませんが、パワハラ申告、診断書の提出がなされたタイミングで、懲戒解雇をちらつかせながら繰り返し退職届の提出を求めるという退職勧奨の方法は行き過ぎと認定されてもやむを得ないでしょう。

（2）会社は聞き取りを必ず行う

　パワハラの申告があった場合、申告を行った被害者から詳しく事情を聞くとともに、加害者とされる者、その他上司など事情のわかる者から事情を聞いてください。

　裁判所は、会社がパワハラ申告に対してどう対応したかを

見ています。最終的にはパワハラ行為はなかったと判断するとしても、その判断に至るプロセスをきちんと踏んでいなければ裁判所は評価しません。

関係者からの聞き取り内容は、証拠として残す必要がありますので、報告書なり聴取書の形で書面化してください。

（3）会社は必要に応じた注意・指導を行う

業務上の指導の態様が不相当で行き過ぎだと判断した場合、パワハラ行為を行った従業員に対し適切な注意・指導を行うべきであり、書面の形にすることが重要です。なお、注意・指導は、必ずしも懲戒処分である必要はなく、反省状況等に応じて注意書や指導書でとどめてもかまいません。

裁判所は、加害者に対する会社の対処の仕方も見ています。すなわち、再発防止のために会社がどのような取り組みを行ったのかが評価のポイントです。

（4）慰謝料だけでは済まない

この事案では、慰謝料100万円の支払いを命じただけでなく、精神障害を発症したことにより働けなくなった期間の逸失利益289万円（月額17万円の17カ月分）、弁護士費用30万円の支払いも命じています。

さらに、本件で会社は、原告の精神障害を「業務外の疾病」として、就業規則上の休職期間満了による自然退職として取り扱っていたところ、裁判所は、「業務外の疾病」に該当し

ないので、休職命令も就業規則上の根拠を欠き、自然退職により雇用契約が終了したということはできないとして、いまだ雇用契約上の権利を有する地位にあることを認めました。

その結果、会社が、自然退職により雇用契約が終了したとして、原告の就労を拒絶していることから、原告は、民法第536条第2項に基づき、自然退職の取り扱い後も、毎月17万円の賃金請求権を失わないとして、平成24年8月から判決が確定するまで毎月17万円の賃金支払いを命じています。

ちなみにこの事件の判決日は平成26年4月11日なので、その時点ですでに340万円（月額17万円の20カ月分）をさらに追加して支払わなければならず、その後も判決確定まで毎月17万円が加算されます。

このように、パワハラ裁判は慰謝料だけの問題にとどまりません。対応次第では大きな代償を払う結果になることも念頭に置き、パワハラ申告があった際は、適切な初動対応を取っていただきたいと思います。

不正を行ったとみられる従業員の解雇は可能か？

#解雇　#訴訟　#聞き取り

【トラブル事例①】

　川中島バス事件（平 7.3.23 長野地裁判決）では、ワンマンバスの運転手が釣り銭を懐に入れているらしいとの市民からの通報をもとに、会社は内偵調査に乗り出しました。会社は内偵調査をもとにワンマンバス運転手の釣り銭の窃盗・横領行為について確証を得て車内にビデオを設置し、現場を撮影しました。ビデオには、運転手が紙幣両替機付近から何かを取り、左手を上着またはズボンの左ポケットに入れたと見て差し支えない動作が記録してありました。運転手が所持していた千円札４枚のうち３枚が会社の監査室が記号及び番号を控えた顧客（協力した関係会社の従業員）が使用した３枚と一致しました。裁判所は、運転手が３枚の千円札をバス料金として料金箱に入れることなくポケットに入れ、着服したものと認定し、懲戒解雇は有効になりました。

　金銭の窃盗・横領を行ったとされる従業員は、金銭の窃盗・横領を完全に否認する場合があります。そのため、会社側としては、非違行為の瞬間を撮影し、かつ顧客が差し出した千

円札の番号を記録し、運転手が所持していた千円札と一致する事実を掴むなどして証拠を揃えないと証明できないだろうと判断したのでしょう。

　私も会社から、従業員が経費を不正に私的に使っていたため解雇したいという相談を受けることがあります。しかし、証拠不十分のケースがほとんどです。

【トラブル事例②】

　明治ドレスナー・アセットマネジメント事件（平18.9.29東京地裁判決）では、原告である部長は、交際費前渡し金として5万円を毎月受け取っていました。しかし、一緒に飲食をしたとされる従業員が実は飲食をしておらず、交際費を不正に使用したということで解雇をしました。この件は、証拠不十分で解雇無効になりました。

　怪しい点はたくさんありました。原告は行きつけの割烹料理店から白紙の領収書を事前にもらうなどしていましたし、一緒に割烹料理店に行ったとされる部下の多くは「その日は割烹料理店には行っていない」と会社に述べていました。しかし、裁判所は証人の「供述は信用性に欠けるものといわざるを得」ないと述べ、解雇を無効と判断しました。

　経費の不正受給に関しては、多くの場合、懲戒解雇事由に該当しますが、実際には証拠の有無という難しい問題に直面し、懲戒解雇をしてよいか簡単には判断できないのです。

●非を認めるだろうという思い込み

　金銭の窃盗・横領やセクハラ、暴力事件などが社内で起こった場合、簡単に解雇してしまうケースも数多くあります。

　しかし、実際は金銭の窃盗・横領やセクハラ、暴力事件などは証拠を揃えるのが難しく、解雇が認められにくいのです。

　実務では、証拠が曖昧、言った、言わないで双方の主張が食い違っている、主張と行動が矛盾しているなど、非常に悩ましい案件が多く、判断に迷います。

　観念して、金銭の窃盗・横領や重度のセクハラなどやったと認める人もいますが、認めない人も多いです。なぜなら認めた場合、相当な不利益を被るからです。

　非違行為を認めてくれるだろうという思い込みで事に当たるのは禁物です。

　例えば、読者の皆様、これまでの人生の中で一番恥ずかしい出来事は何か、思い出してみてください。では、この人生の中で一番恥ずかしい出来事を人に話す気になるでしょうか。普通は他人に話したくないと思います。金銭の窃盗・横領等も同じく、他人に話したくない内容です。

　つまり、悪いことをしたとしても正直に話すとは限らないのです。非違行為を行った人を解雇するためには客観的で明確な証拠が必要です。それが見つからないかぎり解雇は難しいでしょう。「怪しい」くらいでは、解雇は無効となる可能性があります。人を解雇する以上、争われることを想定して準備を進める必要があります。

7 セクハラ被害の相談を受けたら？

#セクハラ　#訴訟　#聞き取り

【トラブル事例】

　パワハラと同様にトラブルになりやすいセクハラについて取り上げます。

　セクハラは、パワハラと違い密室や第三者がいないところで行われることが多く、どのようなセクハラ行為があったのかという事実認定が難しいのが特徴です。また、会社に相談があった時点で、すでに深刻なセクハラ被害が生じている場合が多いのも特徴です。

　セクハラの被害者が、会社に相談することはとても勇気のいることです。特に加害者が上司であるような場合には、なかなか相談することができません。その結果、我慢に我慢を重ねたうえでの相談であることが多く、すでに深刻化しているケースが多いのです。

　以下では、セクハラ被害の相談に対する会社の対応として、「やってはいけない」という視点でご説明します。

◇やってはいけない①：もみ消す

　言うまでもありませんが、セクハラ被害の相談があったにもかかわらず、会社が真面目に取り合わないというのは、訴訟化を招く大きな要因となります。

　もみ消すというのは、例えば、「被害者の側にも隙があったのではないか？」、「酔っぱらっていてほんとは断らなかったのではないか？」など被害者側の落ち度を指摘することや、調べてもいないのに「A課長がセクハラをするわけがない」などと決めつけることや、「まぁまぁ、その程度のことで目くじらを立てるなよ」といって相手にしないという対応を含みます。

　訴訟になるケースは、このような会社の対応のまずさから、被害者の感情の悪化を招くことが多いといえます。被害者の話を真面目に聞かないというのは論外です。

◇やってはいけない②：よく調べない

　被害者の話を聞きながら、その後、調査しないこともまた論外です。

　被害者から相談があった場合は、加害者とされる者からの事情聴取は必須です。また、加害者がセクハラ行為を否定するような場合は、加害者の上司等からも必要な範囲で調査をする必要があります。

　そのほか、メール、写真、録音等の客観的に明らかな証拠の収集も行うべきです。

　もちろん調査を行うにあたっては、被害者のプライバシーや意向にも配慮しなければなりません。会社として調査を行う以上は、調査に必要な限りで情報が加害者や第三者に入ってしまうことについてはあらかじめ被害者に説明しておくべきでしょう。

　大事なことは、会社がセクハラの有無を判断するうえで、調査を十分に尽くしたか否かという点であり、裁判所もそこを見ます。

　なお、稀に恋愛感情のもつれが背景にある場合や上司を貶めるための目的等で、虚偽のセクハラ被害を申告するケースもありますので、事実関係の調査は偏見を持たず慎重かつ丁寧に行うことが求められます。

◇やってはいけない③：加害者本人任せにする

　セクハラはあくまでも被害者と加害者の問題であり、当事者間で話をつけてもらえばよいと思い込んでいる会社がありますが、それは間違いです。

　厚生労働省のセクハラ指針にもあるように、会社はセクハラを発生させないための措置を講じ、もしセクハラが発生した場合は迅速・適切な対応を義務付けています。

　したがって、加害者本人に任せてしまうという対応は取るべきではありません。これもまた不誠実な対応であるとして会社に不信感を持たれる原因になります。

　また、訴訟になった場合は、被害者は会社に対して、使用

者責任（民法第715条）を追及してくる可能性が高いです。

　使用者責任というのは、雇用する従業員（セクハラ加害者）が職務を執行するにあたり、他人（セクハラ被害者）に損害を与えた場合には、加害者とともに連帯して損害賠償責任を負うというものです。

　なお、「事業の執行につき」という要件がありますので、業務とは関係のないところで行われたセクハラには、会社は責任を負わないかのように読めますが、裁判例は、「事業の執行につき」という点を広くとらえ、会社の責任を認める傾向にあります。

　例えば、三次会から帰るタクシー内で行われたセクハラ行為（手をつかみ、執拗にキスをし、性関係を要求した等）でも使用者責任を認めています。この裁判例では、飲み会が職務に関連して行われたこと、飲み会の主催者が上司であったこと、被害者と加害者との間に個人的に親しい関係になかったこと等の事情から、セクハラ行為が会社の事業に近接し、その延長において、上司という立場を利用して行われたものであり、会社の職務と密接な関係があると判断しています（平15.6.6東京地判）。

　したがって、セクハラの訴訟が提起された場合に、会社が全く無関係には終わりません。少なくとも訴訟当事者として加害者とともに訴えられることがほとんどです。

◇やってはいけない④：被害者だけ人事異動させる

　例えば、セクハラ被害を訴えた被害者のみを配置転換させた場合は、被害感情を害する結果となり訴訟につながります。

　したがって、加害者については何もしないで、被害者のみを人事異動するという対応は避けるべきです。もっとも、被害者からそのような希望があった場合には、本人の意向を尊重してそのような人事異動も可能であるといえます。

◇やってはいけない⑤：事案を検討することなく処分内容を決める

　再発防止のための措置として、セクハラ行為を行った加害者に対して、懲戒処分が必要であると判断した場合であっても、事案ごとに処分内容を検討すべきです。セクハラ行為の加害者について、すべて懲戒解雇が許されるというわけではありません。

　セクハラ行為の内容、動機、程度、反省の有無、過去の処分事例とのバランス等を考慮して処分内容を決定すべきです。

　セクハラ行為については、そのすべてが民法上の不法行為に該当するわけではありません。小野薬品工業（パソナ）事件（平 24.11.30 大阪地裁判決）は、「仮にセクハラに該当し、原告が不快に感じたとしても、セクハラに該当する行為が全て直ちに金銭による賠償を要する民法上の不法行為に該当するものではない」とも述べています。このようにセクハラ行

為についても程度の問題があります。

　したがって、事案を検討せずに懲戒解雇をすると、今度は懲戒解雇された従業員から会社が訴えられる可能性があります。

　セクハラ行為自体、社内秩序を著しく乱す問題であることは事実ですが、事案を検討することなく処分内容を決めることは避けるべきです。

8 休職期間満了時までに復職無理なら
自然退職扱い？

#就業規則　　#休職　　#復職　　#退職　　#解雇

（1）最近の就業規則について

　就業規則は「会社の憲法である」と言われることが多いの
ですが、就業規則に定めればどのような規定でも拘束力を持
つ訳ではありません。

　労働契約法第7条でも、「労働者及び使用者が労働契約を
締結する場合において、使用者が合理的な労働条件が定めら
れている就業規則を労働者に周知させていた場合には、労働
契約の内容は、その就業規則で定める労働条件によるものと
する」と定めており、合理的な労働条件を定めない場合は就
業規則の内容が労働契約の内容にならないことを前提として
います。

　就業規則を制定するに当たって、従業員代表の意見を聴取
する必要はあるものの、仮に従業員の反対意見があっても、
就業規則は会社が定めることができます。そのため、労働契
約法第7条で、法令には違反しない場合であっても、不合理
に労働者の権利を制約する就業規則の効力を制限して、労働
者保護を図っています。

（2）自然退職と解雇について

　最近良く見かける就業規則に、休職期間満了時までに職場復帰できなければ自然退職扱いになるという規定があります。

　この種の規定により、あたかも休職期間が過ぎれば、いかなる場合でも自然に退職したことになるかのような誤解があります。

　エールフランス事件（昭 59.1.27 東京地判）でも「ところで、右のような自然退職の規定は、休職期間満了時になお休職事由が消滅していない場合に、期間満了によって当然に復職となったと解したうえで改めて使用者が当該従業員を解雇するという迂遠の手続を回避するものとして合理性を有するものではあるが、本件におけるように、病気休職期間満了時に従業員が自己の傷病は治癒したとして復職を申し出たのに対し使用者の側ではその治癒がまだ充分ではないとして復職を拒否する場合の同規定の適用解釈にあたっては、病気休職制度は傷病により労務の提供が不能となった労働者が直ちに使用者から解雇されることのないよう一定期間使用者の解雇権の行使を制限して労働者を保護する制度であることに思いを至せば、右に述べた自然退職の規定の合理性の範囲を逸脱して使用者の有する解雇権の行使を実質的により容易ならしめる結果を招来することのないよう慎重に考慮しなければならない」と判断しており、就業規則で休職期間満了の取り扱いを自然退職扱いとしたとしても、解雇と同様に扱うことを明言

しております。

　つまり、自然退職扱いをしたとしても、例えば、従業員が病気が治癒したとして職場復帰を求めていた場合は、解雇と同様に自然退職扱いに社会通念上合理的な理由がなければ、退職は無効となります。

　就業規則の記載により、「不自然」な退職を「自然」退職として扱うことはできません。

（3）休職期間について

　休職期間についても、最近休職期間が極端に短い就業規則を見かけることが多くあります。例えば、休職期間が1カ月しかない就業規則を複数回見かけたことがあります。

　私個人は、休職期間が極端に短い就業規則の条項にもとづいて休職期間満了の自然退職扱いもしくは解雇を行なった場合は、退職は無効になる可能性が高いと思っております。

　仮に、私がある会社の従業員で、休日に車を運転していて後ろから追突されて重度のむち打ち症にかかり、3カ月会社を休まないといけなくなったとします。加害者の過失が100%であるとして、このような場合も休職期間満了により自然退職扱いにすることはできるのでしょうか。このような扱いは常識的にもおかしいということが分かります。訴訟になれば自然退職扱いは無効になると思います。結局、具体的状況に応じて休職期間を延長するなどして対応するしかありません。

また、入社 1 年未満は休職期間が無いという就業規則も最近見かけるようになりました。会社側の気持ちは分かります。会社側の意図は「入社して 1 年も経たないのにどうして休職させる必要があるのか。すぐに退職して欲しい」ということだと思います。しかし、これも上記の事例と同じで、会社を休むにも色々な事情があります。本人に落ち度が無いのに長期間休む場合もありますし、風邪をこじらせて入院する場合だってあるかもしれません。このような場合でも、一律に休職期間無しで自然退職扱いとして解雇を行なったとしたら、この場合も無効になると思います。欠勤の理由に応じて、欠勤期間を一定期間認めて様子を見るなどする必要があります。

　あくまでも、就業規則には「合理的な労働条件」を定めないといけませんし、就業規則を機械的に適用することで、従業員に対する思いやり、配慮が無いと、かえって労務トラブルを引き起こす可能性すらありますのでご注意ください。

9 退職勧奨のつもりが、いつの間にか解雇に?

#退職勧奨　#解雇　#懲戒処分　#休職　#復職

【トラブル事例】

①営業成績の上がらない従業員に対して退職勧奨をしたところ、「わかりました。会社都合だと失業保険がすぐにもらえるので解雇にしてもらえますか?」と言ってきた。

②出勤停止7日間の懲戒処分を受けた従業員に対して退職勧奨をしたところ、「絶対に会社はやめません」と言ってきた。

③メンタル不調で休みがちな従業員に対して退職勧奨をしたところ、病気が悪化した。

　トラブル事例のように、①退職勧奨のつもりがいつの間にか解雇していた、②退職勧奨したものの思うような結果が得られなかった、③退職勧奨をきっかけに別の問題が発生した、など退職勧奨にまつわるトラブルの相談もよく受けます。

(1) 退職勧奨と解雇は別物

　退職勧奨は、あくまで「合意退職」に向けられた使用者からの退職の勧めです。

　従業員からの自発的な退職の申し出(従業員きっかけ)に

よる自己都合か、使用者からの退職の勧め（使用者きっかけ）による会社都合かの違いがあるものの、いずれも「合意退職」です。

これに対して解雇は、使用者による「一方的」な雇用契約終了の意思表示です。解雇ということになれば、当然、解雇の有効性の議論になります。

ですから、事例①において、従業員の求めに応じてしまうと、退職勧奨のつもりがいつの間にか解雇になり、後日、弁護士から解雇を争う内容証明が届くということにもなりかねません。

このようなトラブルが生じるのは、「会社都合＝解雇」だと誤解されるからだと思います。解雇以外にも会社都合はあります。退職勧奨による合意退職の場合も会社都合の退職になり、失業保険の給付については普通解雇の場合と同じであるため、事例①において、失業保険との関係で解雇にする必要もありませんし、そもそも解雇するつもりもないのに解雇をしてはいけません。

（2）退職勧奨に応じない場合はどうする？

退職勧奨は、退職を促すための説得行為ですから、特にその手段・方法が社会通念上相当と認められる範囲を逸脱しない限り許されるものです。

しかし、「とりあえず退職勧奨をしてみよう」というような無計画な退職勧奨をすべきではありません。

　当たり前のことですが、相手の立場に立って、どうすれば退職勧奨に応じてくれるのかを考えてから実行すべきです。

　特に再就職の難易（年齢、スキル）や家庭環境（扶養家族の有無・人数、住宅ローンの有無）を踏まえ、退職勧奨に応じてもらえるパッケージの提案が必要です。問題社員や後々トラブルになりそうな案件では、退職勧奨に応じてもらうために何らかの金銭的な提案を行うことが多いです。

　また、退職勧奨を行うに至った理由も重要です。事例②のように出勤停止7日間の懲戒処分を受けている事案であれば、従業員にも何らかの後ろめたいところがあるはずです。例えば経理を担当していて小口現金の着服が発覚したとか、運転手なのに事故が多くて改善が見られないような場合には、仮にこのまま会社に残ったとしてもこれまでと同様の業務には就けないことや、今後の査定や昇給も期待できないことなど、会社に残ることのデメリットを伝えることで退職を説得しやすくなります。

　なお、退職勧奨は、一対一で行うのは避けるべきです。退職勧奨の方法や発言内容が問題になることが多いからです。また、退職勧奨ではなく解雇を言い渡されたと主張してくるケースもあります。したがって2名で対応するとか録音をするなどの予防策も講じるべきです。たまに退職勧奨を弁護士にお願いしたいと言ってこられる会社もあります。しかし、相手の立場に立てば、いきなり知らない弁護士が出てきて、退職を勧められて、「はい、わかりました」と言うでしょうか。

余計に身構えるだけです。

　退職勧奨の方法については、例えば長期間、多数回、長時間の退職勧奨や退職勧奨に応じないことを確定的に表明しているにもかかわらず退職勧奨を続けた場合には、退職勧奨自体が違法とされたり、解雇理由がないにもかかわらず退職勧奨に応じなければ解雇になると誤信させた場合には、退職合意自体が錯誤により取り消しうると判断されることがあるので注意が必要です。

（3）メンタル不調者に対する退職勧奨のタイミングは？

　これはとても難しい問題です。状況にもよりますが、結論として退職勧奨を焦って行うべきではないと考えます。

　メンタル不調は原因がどこにあるのかわからないことが多く、会社での人間関係や仕事のストレスをその理由として挙げるケースも目立ちます（実際にはそうでなくても、そのように思っている方が多いです）。

　そのような状況で少し欠勤が続いたからといって、直ちに退職勧奨を行うのは当事者間の感情対立を生む可能性が高いです。会社での人間関係が原因で体調を崩したのに、会社は体調を気遣うどころかむしろ辞めて欲しいと言ってきた、そう捉えます。

　極端な例ではありますが、メンタル不調を訴えた従業員に対して、会社がありもしない懲戒解雇事由を挙げて、退職届を出さなければ懲戒解雇になるといって退職勧奨を行ったこ

とが、「既に精神障害を発症している原告の身体の安全及び健康に対する配慮を欠き、原告の精神障害を増悪・遷延化させるおそれがある」として使用者の安全配慮義務違反を認めた裁判例もあります（平 26.4.11 大阪地裁）。

　メンタル不調者に対しては、まずは治してもらうという姿勢が重要です。もちろん主治医の協力や家族の理解を得て、早期に合意退職でまとまるケースもありますが、まずは休職してもらうことを検討すべきです。メンタル不調者については、休んでも治らない、復職させてみたがうまくいかないという段階にならないと、なかなか退職勧奨はうまくいかないことが多いです。

　ご存知の通り、就業規則は会社が一方的に定めることができるものです。通常、契約は双方の合意があって成立するものですが、労働契約法は、就業規則に定めていれば、労働者の個別具体的な同意がなくとも就業規則の内容が（内容が合理的であれば）雇用契約内容になると定めています（労働契約法第7条）。このように、労働契約法は就業規則に強力な効力を与えているのです。そうであるからこそ、裁判所は、就業規則は会社が一方的に定めたものであるのだから、記載したことについてはしっかり会社に責任をとってもらう必要がある、と考えています。

（1）「書き忘れ」の言い訳は認められない

　1つのフィクションを通して説明していきます。ある会社の就業規則の退職金規定に「次の算式で求められる金額の退職金を支給する」とし、「在籍年数×退職時の月給」との定めがあるとします。会社は、正社員にのみ退職金を支払うというつもりでこの規定を設けており、パートやアルバイトな

どの非正規社員に支払う予定はありませんでした。

　あるとき、長年勤めてきたパートのＡさんが退職することになりました。Ａさんは「私にも退職金を支給してください」と会社に訴えたのです。「Ａさん、何をおっしゃっているのですか。パートのＡさんには退職金は支給できません」と告げる会社に対してＡさんは引き下がらず、「退職金規定にはパートは退職金をもらえないとは書いていませんから、私にももらえる権利があります」と反論しました。

　はたしてこの場合、会社とＡさんの言い分は、どちらが正しいのでしょうか？

　この事例は、内容の似た裁判例から判断することができます（大興設備開発事件／平9.10.30大阪高裁判決）。

　これは、採用時に60歳を超えていた社員が、退職時に退職金規定に基づく退職金を請求した事案です。会社は、60歳を超えた正社員ではない方に退職金を支払うつもりは全くありませんでしたが、制定されていた就業規則は、適用対象を正社員とそれ以外に分けて規定しておらず、規定の内容も従業員全般に及ぶものとなっていたとして、裁判所は元社員の退職金請求を認めたのです。就業規則の不備に対して、裁判所が厳しく判断していることがわかると思います。

　さて、さきほどの事例をあてはめますと、Ａさんの請求も認められることになります。訴訟において会社側が「これまでパートに退職金を支払ったことはない」「退職金規定は書き間違いである」などと主張したとしても、裁判所はこれら

の会社の言い分を採用しないでしょう。

　会社からすれば、退職金規定に「ただし、パート・アルバイトには支給しない」という条項を入れることを忘れただけであり、それまでパート・アルバイトに退職金を支払うことはなかったとしても、このようなミスに裁判所は厳しく対応します。

　就業規則の記載ミスについてのリスクは、会社が負うべきだと考えているのだと思われます。実例はあげられませんが、私も何度も、このような就業規則の書き忘れの事例で、非常に苦労しました。平和な時こそ就業規則の条項を点検することをお勧めします。

（2）　2種類のひげ

　就業規則にも様々なものがあります。特に懲戒事由は各社様々です。中には本当にこの懲戒事由で懲戒しても良いのかと疑問に思うものもあります。裁判所は、次の2通りの方法で懲戒処分の有効性を判断しております。

　一つは、懲戒事由に形式的には該当しているものの、権利の濫用に当たるとして、それを無効とするもの、懲戒事由を限定解釈し、そもそも懲戒事由に当たらないとして懲戒処分を無効とするものがあります。

　あるハイヤー会社が、運転手が口ひげを生やしたことが「ひげをそり、頭髪は綺麗に櫛をかける」という「乗務員勤務要領」に違反したとして、その運転手に対し乗車停止処分を行

いました。運転手は、裁判所に口ひげをそる義務のないことの確認を求めて訴訟を起こしました。

　ハイヤーの運転手がひげを生やしても良いか否かについては、様々な意見があると思います。ハイヤー運転手たるもの清潔な身なりでなければならない、ひげを生やすなどもってのほかと思う方もいるかもしれません。

　また、ひげを生やすことは禁止するべきではないが、無精ひげなどお客様に不快感を与えるものについては禁止するべきであると思う方もいるかもしれません。

　裁判所は、禁止されるべきひげは「無精ひげ」とか「異様、奇異なひげ」のみを指し、格別の不快感や反発感を生ぜしめない口ひげはそれに該当しないと判断しました(イースタン・エアポートモータース事件／昭 55.12.15 東京地裁判決)。

　「ひげ」にも 2 種類あり、"企業秩序を乱すひげ" と "乱さないひげ" があるということです。この事案は、「乗務員勤務要領」が就業規則に当たらないと裁判所が判断したため、厳密には就業規則の裁判例ではないのですが、就業規則に服務規律として同様の条項があっても同じように判断するため、本稿で取り上げました。

　裁判所は、一方で会社が独自のルールを定めることを尊重しつつも、一定の限度を超えた会社の懲戒処分については無効としてしまいます。

#労働災害　　#求償　　#怪我・病気

　台風などにより災害が予測される場合、各企業は、臨時休業としたり、出社時間を遅らせたり、早期の帰宅を指示したりするなどして、従業員が災害に巻き込まれないような配慮をしています。これらの配慮は、従業員が就業時間中に不慮の事故に巻き込まれないようにするという側面と、交通機関がマヒして出勤、帰宅ができなくなる事態を避けるという側面があります。

　以前、宅配ピザの配達バイクが、暴風のなか道路上で身動きが取れず立ち往生し、最終的には風にあおられ転倒するという動画がSNSに投稿されて話題になりました。

　ネット上では、このような危険な状況でピザの配達を指示した会社への批判や、こんな日にピザの注文をする方もどうなのかなど、様々な意見がありました。

　このような自然災害に対して、会社は、従業員に対して、どのような責任を負っていて、どのような対応をとることが求められているのでしょうか。

（1）労災の問題だけではない

　上述の宅配ピザの件については、実際にどのような状況だったのか詳細は不明なので、その点についてコメントすることはできませんが、仮にピザの配達業務の途中に台風による突風にあおられて怪我をしたり、後遺障害が残ってしまったり、不幸なことに亡くなってしまったような場合、業務中の事故であることから、業務上の災害として労災認定される可能性が高いでしょう。

　この労災からの支給は、国が「会社のせいか否か」に関わらず、業務遂行中に生じた怪我などであると認定した場合に一定額が支給されるものです。

　しかし、労災の給付は、従業員に生じた損害の全てを補填するものではありません。治療のために療養した期間の休業補償の一部や、後遺障害や死亡による逸失利益、慰謝料については賄われない部分があります。

　では、補填されない部分については、誰が責任を負うのでしょうか。

（2）企業の安全配慮義務違反

　労災の給付は、「会社のせいか否かに関わらず」でしたが、従業員に生じた怪我が「会社のせい」だとすれば、労災の給付とは別に、使用者である会社が民事上の損害賠償責任を負う可能性があります。

　具体的には、使用者に対して、「台風が直撃することは事

前の気象情報や報道で分かっていたではないか？　過去の同じような勢力の台風の経験からどのような被害やどのような暴風になるかは予想できたではないか？　当然、そのような暴風の中でバイクを運転させれば、横転などによって事故が生じることは予想できたではないか？　それなのになぜ配達業務を命じたのか？　従業員の安全に配慮して例えば臨時休業するとか、一時的に配達を中止するなどの措置をなぜ取らなかったのか？　これらの措置を取っていればこの事故は防げたのではないか？」などと指摘され、会社の安全配慮義務違反の責任を問われる可能性があります。

　そして、会社に安全配慮義務違反があったと認定された場合、後遺障害が残ったり、死亡してしまったりしたようなケースでは、逸失利益や慰謝料などで、事案によって数千万円から１億円を超える損害賠償が命じられることもあります。

（3）災害時の決断

　宅配ピザに関わらず、台風などの際に出前を頼む側の問題でもあるという意見もあるでしょう。逆にこのような日こそ宅配関係の企業は売り上げが伸びるという現実もあるでしょう。

　しかし、このような状況で万が一事故があった場合、従業員に対する安全配慮義務違反の問題だけでなく、SNS などに投稿されることによる企業イメージの低下の問題も生じます。ただでさえ各企業が人手不足に悩むなかで、このような

企業イメージの低下による損失は計り知れません。

　このような問題を防ぐためには、自然災害が予想される場合、臨時休業などを含めた対応について、いつ、誰がどのように決断するかが重要になってきます。

　企業の規模にもよりますが、現場の責任者がもっとも状況をよく把握しているので、現場の判断に任せるという方法も１つでしょう。しかし、一方で、現場の責任者の立場からすると売上の目標達成などの観点から多少無理してでも営業せざるを得ないという心理も働きます。

　そのため災害時のマニュアルを作成したり、中小企業の場合はトップが決断したりするなど、利害関係にとらわれず決断できる仕組みをあらかじめ作っておくことが非常に重要です。

#求償　#懲戒処分

【トラブル事例】

　営業マンが、外回り営業中に信号無視で交通事故を起こしました。社用車は大破し、通行人にも大怪我を負わせました。会社としては従業員にどこまで責任を追及できるでしょうか？

　来客用のコーヒーカップを落として割ってしまったなどのケースのように、うっかりミスで会社の備品を壊してしまった場合は、金銭的にも軽微なので、「以後気をつけましょう」という注意だけで済んでいることも多いと思います。

　しかし、高価な機械を壊してしまったり、交通事故を起こして第三者に怪我を負わせた場合は、会社も金銭的な負担を強いられることになるため、従業員に対して金銭の填補を要求する場面が出てきます。

　そのような場合に、会社は、従業員に対してどの程度の請求ができるのか、また請求するにあたって使用者としてどのような点に留意しておくべきかについてみていきます。

（1）従業員に対して、求償や損害賠償請求できる

　従業員が業務を行ううえで第三者に損害を与えた場合、使用者である会社は、第三者に対して損害賠償責任を負っています（使用者責任／民法第715条第1項）。

　ただし、会社が第三者に対して損害賠償金を支払った場合、会社は、従業員に対して求償することが認められています（民法第715条第3項）。

　事例のように、営業マンが交通事故を起こして、第三者に怪我を負わせた場合に、会社が被害者に対して損害賠償金を支払えば、この営業マンに対して求償することは法律上認められています。

　また、事例のケースのように、営業マンが社用車を壊して修理代が発生した場合、会社は、雇用契約における従業員の債務不履行責任、すなわち、営業マンは社用車を運転する場合は、交通法規を守って安全運転するという誠実労働義務を負っており、不注意にも信号無視をして交通事故を起こしたことは、この誠実労働義務に違反しており、債務不履行に基づく損害賠償請求ができるといえます。

　したがって、いずれの場合にも、会社は従業員に対して金銭の填補を求めることができます。問題は、いくら請求することができるかです。

（2）いくら請求できるのか？

　よく聞く数字が「損害の４分の１」です。ですが、この数字は特に法律で決まっているわけではありません。

　タンクローリーを運転中に起こした事故についての有名な最高裁判決（昭51.7.8最一小判）が、求償は全損害の４分の１が相当と判断したことに由来していると思われます。

　しかし、この最高裁判決は、必ず４分の１にすべきとは述べておらず、「その事業の性格、規模、施設の状況、被用者の業務の内容、労働条件、勤務態度、加害行為の態様、加害行為の予防若しくは損失の分散についての使用者の配慮の程度その他諸般の事情に照らし、損害の公平な分担という見地から信義則上相当と認められる限度において、被用者に対し上記損害の賠償を請求することができるものと解するのが相当である」と述べています。

　ただ、実務上は、この最高裁の４分の１という数字を意識していると感じます。もっとも、事例の営業マンのように、信号無視という明らかに従業員の過失による場合は、この４分の１に制限されるべきではないと考えます。

（3）請求によって別のトラブルに発展？

　従業員に損害の一部を填補させることができるとしても、実際に請求するかどうかは慎重な検討が必要です。

　この求償の問題が原因で別のトラブルを生む可能性があります。「会社が請求してくるなら、こちらからも請求します」

という対立に発展しやすいです。

　例えば、会社が、損害の大部分を従業員に填補するよう要求したところ、従業員は弁護士の無料法律相談に行き、そこで全額は負担する必要がないし、むしろ残業代が支払われていないようなので請求したらどうかとアドバイスを受けることも考えられます。

　また、例えば従業員の態度が悪く取引先から怒られ、その３カ月後に契約が打切りになったことについて、その営業損失を従業員に請求しようと考える会社もありますが、そもそも損害との因果関係が立証できないので、強行するとトラブルに発展する可能性が高いといえます。

　求償の問題は、訴訟にしないで話し合いでまとめることが望ましいでしょう。その際は、損害の４分の１というのを１つの目安としていただくとよいと思います。いずれにしても求償や損害賠償請求を実行する場合には、その副作用がないかきちんと見極めてください。

（4）求償と懲戒は両方行える

　求償の問題以外にも、事例のように信号無視をして交通事故を起こした営業マンについては、従業員としての適性も問題になります。懲戒処分を含む再発防止のための措置を講ずることが労務管理上必要です。なお、求償することと懲戒処分は別問題ですので、二重処罰には当たりません。

解雇は難しくても
退職勧奨ならできる？

#退職推奨　#解雇　#訴訟　#退職金

（1）退職勧奨に裁判所は寛容ではあるが…

　従業員を解雇することは難しいのですが、退職勧奨については適法か違法かという面では、日本の労働法（労働裁判例）は、かなり会社の裁量を認めています。

　解雇できない以上、辞めてもらいたい社員とは話し合うしかないので、退職勧奨については使用者に甘くならざるを得ないのです。

　たとえば、従業員に対して「あなたの仕事の成果では今の賃金に見合わず、努力をなさっている様子もないので、退職したらどうですか」という面接を行い、従業員が明確に退職を拒否するまで面接を2〜3回繰り返したとしても、違法とは判断されない可能性が高いです。もちろん、名誉を毀損したり侮辱することはしてはいけないことですが、退職勧奨自体については、世間で思われる以上に規制が緩いといえます。

（2）増える退職勧奨に関するトラブル

　近年、退職勧奨に関するトラブルが増えています。厳しい

解雇規制により解雇をすることができませんので、退職勧奨を行う際、一定の金銭を支払って退職してもらうことがあります。

　経営者にしてみれば、退職してもらうだけでどうしてこんなに払わないといけないのかと苦々しく感じるでしょう。強欲な従業員だと腹が立つかもしれません。

　しかし、従業員の立場に立ってみれば、それだけ不安が大きいのです。最近一部の業界、地域では景気が良くなってきたとはいえ、まだまだ日本全体では雇用環境は厳しいままです。厳しい雇用環境のなかで自分の納得がいく仕事を見つけるには時間がかかります。それまでの生活費を確保したいというのは、自然な感覚ではないでしょうか。

　こうした経営者と従業員の感覚のミスマッチはトラブルを無駄に大きくする可能性があるので、要注意です。

　ある経営者から、退職勧奨した従業員が社外の労働組合に加入し、団体交渉を申し入れてきたという相談を受けたことがあります。

　交渉の席で組合側が「3カ月分の給料を支払えば退職勧奨に応じる」という条件を提示してきたということでしたので、私は「給料3カ月分ならば、支払って退職してもらったほうがよいですよ」とアドバイスしました。

　ところがその経営者は「なんでそんなお金を払う必要があるんですか」と言い、その条件を受け入れようとしないばかりか、解雇をしてしまったのです。労働組合は怒り狂い、大

規模な争議活動に発展し、最終的に訴訟で1年分以上の年収分の解決金を支払うことになりました。

　従業員にも家庭がありますから、早くトラブルを解決して新たなスタートを切りたい、安定した職を手に入れて家族を安心させたいという気持ちは必ず持っています。でも同時に、自分が求める条件を満たすような転職先が見つかるかどうか、とてつもない不安も感じています。

　「早く解決したいけれど、それなりの和解金はもらいたい。転職先が見つかるまでの生活を保障してもらいたい」というのが、従業員の本音なのです。「職場に残りたい」と主張していても、退職してほしいと言われた会社で、心の中にわだかまりを抱きながら働きたいと思う従業員はいません。

　そうした従業員の心中を想像することができれば、トラブルはもっと円満に解決するでしょう。相手の立場を理解しようとせず、「遊んで暮らすために会社から金を巻き上げようとしている」、「ごね続けて会社を困らせている」などと思っていたのでは、従業員からのサインに気づくことはできません。

（3）相手の経済状況、家族構成、転職市場での評価などを考える

　相手の立場になって考えれば、誰から退職勧奨をすべきなのか自ずとわかるはずです。退職してもらうのは仕方がないとしても、会社の都合だけではうまくいくわけではないので

す。相手の経済状況、家族構成、転職市場での評価などを考えて進めるべきです。

　独身なのか既婚なのか、配偶者は働いているのか、扶養家族は何名いるのか、親元で暮らしているのか、住宅ローンはあるのか無いのか、転職市場でどのような評価を受けるのか、転職したら年収は上がるのか、下がるのかなど、具体的に考えていけば自ずと相手の立場も分かるはずです。

　年齢も若く親元で暮らし、転職も容易な方が深刻な労働訴訟を起こすことはケースとしては極めて稀です。多くの場合は、扶養家族を多く抱え、転職もままならず、経済的に追い詰められている方が訴訟を起こしています。

　相手の立場に立って、退職勧奨をすべきか否か、退職の経済的条件をどのように設定するか、冷静に考える必要があります。

#休職　#退職　#復職　#労働災害　#怪我・病気

【トラブル事例】

　近年、精神疾患で休職した従業員の休職期間満了時の取り扱いをめぐりトラブルが増えています。

　ほとんどの会社が、就業規則に「休職期間満了時に休職事由が消滅しない場合は自然退職となる」という定めを設けています。会社は、休職期間満了までに治癒しなければ退職してもらうことができると期待することが多いですが、実際にはそう簡単にはいきません。休職期間満了直前になって「復職可能」の診断書が従業員から提出されるからです。そこで今回は精神疾患に関する休職期間満了時の取り扱いの留意点について説明します。

（1）「業務外」か「業務上」か

　トラブルになる事案は、そもそも精神疾患の原因が「業務外」の私傷病ではなく、「業務上」の疾病だと主張してきます。例えば、長時間労働や上司からのパワハラ、嫌がらせが原因だと主張する場合です。

　現在は、令和2年8月21日 基発0821第4号「心理的負

荷による精神障害の認定基準について」に基づき、精神疾患
に関する労災認定の判断がなされています。

　「業務上」の疾病である場合、自然退職の効力自体が否定
される可能性があります。なぜなら、休職事由は「業務外の
疾病」と定められていることが多く、業務上の疾病である場
合、そもそも休職事由に該当しないため、休職期間満了を理
由の自然退職も効力が生じないと考えられるからです。

　同じようなケースで、休職期間満了による自然退職の効力
が生じないと判断された裁判例もあります（大裕事件／平
26.4.11 大阪地裁）。自然退職の効力が生じないということ
は、その後も労働者は、雇用契約上の権利を有する地位にあ
ります。

　このように精神疾患の原因自体が争われている場合は、休
職期間満了により自然退職の取り扱いを強行すると争われる
可能性が高いといえるでしょう。休職期間の延長や合意退職
の交渉を行うなど円満に解決する方法を探る必要がありま
す。

（2）復職可能か否かの判断

　トラブルになる事案のほとんどが、休職期間満了直前に
なって従業員から復職可能の診断書が提出されます。

　会社としてはまだ治癒していないはずであり、自然退職し
てもらいたいというのが本音です。この場合、診断書を無視
して自然退職の取り扱いとしてよいかが問題になります。

① 復職可能を立証するのは労働者

復職可能であることの主張・立証責任は原告側が負っています。アメックス（休職期間満了）事件（平 26.11.26 東京地裁判決・労判 1112 号 47 頁）においても、「業務外疾病により休職した労働者について、休職事由が消滅したというためには、原則として、休職期間満了時に、休職前の職務について労務の提供が十分にできる程度に回復することを要し、このことは、業務外疾病により休職した労働者が主張・立証すべきものと解される」と述べています。

② 主治医の診断書の重み

復職可能か否かの判断において、裁判所は、主治医の診断を重視します。特に精神疾患のようにレントゲンに写らない病気については、直接、継続的に患者の治療にあたってきた主治医の意見が尊重される傾向にあります。

前掲のアメックス（休職期間満了）事件においても、「原告の単極性うつ病の回復の程度については、主治医である医師の専門的判断は十分に尊重されるもの」と述べられています。

会社としては、主治医の診断内容を排斥する方法として、産業医や会社指定医の診断を検討することになります。もちろん産業医や会社指定医が患者本人を診察し、とても復職できる状況にないと診断してくれればよいですが、実務上は、産業医や会社指定医が主治医の診断内容と全く異なる見解を

述べるのは難しいのが現状です。

　前掲のアメックス事件においても、会社指定医が、「主治医の診断のとおり」と述べていたことが認定され、「会社指定医の診断においても主治医の診断のとおりという所見を述べて、主治医の診断にあえて反対する意見を述べていないことを併せ考えれば、就労可能であるとする主治医の判断は十分に信用できる」と判断されています。

③ 主治医面談は必須

　主治医の判断は尊重されるとしても、復職可否の判断を行うにあたり、会社として主治医面談を行うことが必須と考えます。

　主治医は会社の業務内容、患者である従業員の業務内容を正確に把握しないまま（従業員は自身に都合の悪い事実は医師に伝えていないケースがあります）、復職可能と判断している可能性があるからです。

　また、診断内容に矛盾が生じている場合は、その点を確認すべきです。

　例えば、傷病手当金請求の診断においては、症状に改善はみられず引き続き療養が必要であると診断しながら、その直後に症状は改善し就労可能という診断がなされたような場合です。このような矛盾に関する主治医面談の実施が功を奏した事例をご紹介します（コンチネンタル・オートモーティブ事件／平 27.1.14 横浜地裁決定）。

この事案で、主治医は、平成 26 年 9 月 29 日、適応障害を理由として、同年 10 月 1 日から同月 31 日まで自宅療養が必要であると診断しました。

　会社は、この診断内容を受けて、休職期間満了日である平成 26 年 10 月 29 日には復職できないと判断し、自然退職になる旨の通知を 10 月 10 日付で労働者に送りました。

　すると、平成 26 年 10 月 17 日付診断書では症状が軽快しており、10 月 27 日より通常勤務は問題がないと診断されました。

　会社はこれを受けて、主治医と面談して話を聞き取ったところ、主治医は、患者（労働者）の状態について、うつ病に近く、仕事に戻れる状態にはなかったこと、10 月 17 日付診断書は、労働者が会社からクビを宣告されて、焦って目が覚めたと言ってきて、会社に戻りたい、頑張ろうと思うと言ってきたので、労働者の希望どおり、通常勤務は問題ないという診断書を書いた、労働者から書いてくださいと頼まれて通常勤務可能としたと回答しました。

　このような事実経緯を踏まえて、裁判所は、10 月 17 日付診断書について、医学的に軽快したということが理由になっているのではなく、労働者の強い意向によることが理由と考えざるを得ない。そうすると、10 月 10 日付で会社が送付した自然退職になる旨の通知より以前の診断書の内容が、労働者の症状とも整合しているし、医学的にみた労働者の病状を示していると認定し、療養を要すると診断した 9 月

29日の診断内容を前提に復職可能であったとは判断できないと判断しました。

　主治医がここまで会社に協力的なケースは珍しいにせよ、復職可否の判断を行うにあたっては、主治医へのアプローチが重要であることを再認識させる事案です。

（1）解雇権濫用の有無の判断

　『労働事件審理ノート』（判例タイムズ社）によると、解雇権濫用の有無を判断するような具体的事情として「勤務態度不良が企業の業務遂行に支障を生じ、解雇しなければならないほどに高いかどうか。回数が1回の過誤か繰り返すものか、改善の余地があるか、会社の指導があったかどうか」などが争点とされるとしています（「労働事件審理ノート」第3版26頁、判例タイムズ社）。

（2）高知放送事件

　解雇が無効になった最高裁判例で有名なのは、昭和52年の「高知放送事件」（昭52.1.31最高裁判決）です。

　就業規則に基づく解雇で、寝過ごしによる2度の放送事故を起こしたアナウンサーに対する解雇は有効かどうかの裁判がありました。

　寝過ごしたために午前6時から10分間放送されるべき定時ラジオニュースを放送することができませんでした。

　翌月も同様に寝過ごし、6時からの定時ニュースを5分放送できませんでした。2回目の事故については報告せず、提出を求められてから、事実と異なる報告書を提出していたため、会社は就業規則所定の解雇事由に該当するので、懲戒解雇とすべきところを、将来を考慮して普通解雇としました。

　裁判では、「この解雇は解雇権の濫用にあたり無効」となったため、会社は上告しました。

　しかしながら、「非がないとはいえないが、寝過ごしという過失行為によって発生したもので、悪意や故意によるものではない」、「ファックス担当者が先に起き、アナウンサーを起こすことになっていたところ、二事故ともファックス担当者が寝過ごしているので、アナウンサーだけを責めるのは酷であること」、「最初の事故についてはただちに謝罪し、後の事故については、起床後一刻も早くスタジオ入りすべく努力をしたこと」、「寝過ごしによる放送の空白時間は長時間とはいえないこと」などの理由で、上告棄却となりました。

　放送事故とはラジオから音楽も音声も流れない無音状態が続くことで、ラジオ局としてはあってはならない重大なミスです。高知放送では1回目は10分、2回目は5分間放送が流れないという事故がおきたのですが、最高裁は従業員側の有利な事情をできるだけ拾い上げ、解雇は過酷だということで無効になりました。日本の場合、従業員の過失行為を理由として解雇することはなかなかできません。

（3）能力不足を理由とした解雇

「セガ・エンタープライゼス事件」（平 11.10.15 東京地裁決定）は能力不足を理由とする解雇についての裁判例です。

従業員のＡ氏は人事考課が下から 10 パーセント未満で、いろんな部署に次々と異動を命じられましたが、与える仕事がないと通告され、他の部署でも仕事が見つからなかったので、退職勧奨を受けました。

Ａ氏は退職勧奨を受け入れなかったため、会社は就業規則の「労働能率が劣り、向上の見込みがない」という解雇事由にあたるとして解雇しました。Ａ氏は解雇は無効であるとして、従業員としての地位保全等の仮処分を申請しました。

裁判では「平均的な水準に達しているとはいえないが、人事考課は相対評価であって絶対評価ではないことからすると、労働能率が著しく劣り向上の見込みがないとはいえない。また、会社は体系的な教育、指導を実施することによって、その労働能力の向上を図る余地もある」旨判断し、解雇は無効になりました。

以上の２つの例を見てもわかるように、寝坊して放送事故を起こして虚偽の報告をしても解雇できませんし、能力不足で労働能率が著しく劣る場合でも教育、指導により労働能力の向上を図る余地があれば解雇できないなど、解雇には非常に厳しいのです。

（4）教育指導に会社の規模は関係ない

　能力不足で労働能率が著しく劣る場合でも教育、指導により労働能力の向上を図る余地があれば解雇できないというと、中小企業経営者の中には、「こんな小さな会社で教育指導なんかやれない」「事情を酌んで、解雇有効にできるのではないか」と考える人がいます。

　ですが、それは考えが甘いと言わざるを得ません。私の実感では「小さい会社だから解雇規制を緩める」ということはありません。

　実感的には、裁判所は「従業員は等しく平等に扱う」という考えを有していると思います。大きな会社に勤めているから保護されやすいとか、小さい会社だから保護されにくいという考えを嫌がります。

　ですから、中小企業であっても大企業並みに厳しい解雇規制がかかります。経営者が「うちみたいな中小企業に言われても困るんだよ」と言っても容赦しないのです。

　中小企業の従業員と大企業の従業員、どちらが恵まれているかといったら多くの面で大企業の従業員が恵まれています。実際は中小企業の従業員と大企業の従業員には差があります。多くの中小企業には従業員を注意・教育・指導を繰り返し行う余裕がありません。ですが、そのような現実は考慮せず、会社の規模に関係なく平等に従業員を保護します。

　現実には、中小企業はできることが限られていますから、中小企業にとって解雇規制は非常に厳しいといえます。解雇

訴訟が長引いて退職和解に至っても多額の金銭を払うことになれば大きな打撃を受けます。

　繰り返し言いますが、「中小企業は弱者だから、裁判所はよく話を聞いてくれるだろう」というのは勘違いです。裁判所は使用者・会社、弱い従業員という目で見ており、会社の規模は関係ありません。この点を留意していただくと良いかと思います。

16 退職和解における解決金の相場は?

#退職　#訴訟　#解雇　#解雇無効　#和解

(1) 退職和解の解決金相場感

　民事訴訟や労働審判に持ち込まれた労使トラブルについて、会社が労働者に一定の解決金を支払い和解することがあります。

　例えば、解雇事案において、労働者側が解雇無効を主張し、引き続き会社で勤務することを求めたとします。これに対して、会社は解雇の有効性を主張し争うことになりますが、審理を進めるなかで、どうやら裁判所は解雇無効と考えているとわかった場合、会社としても柔軟に和解を検討する必要があります。同じように解雇が有効となるか無効となるか判断がつかないような事案においても、判決になった場合の敗訴リスクを考慮して早期に和解を検討することもあります。

　いずれの場合においても、会社としては、すでに解雇している以上、労働者に再び職場に戻ってきてもらっては困ることから、退職の対価として解決金を支払うことで、退職による和解を目指すことになります。

　この退職和解の解決金ですが、その労働者の「月給×月数」

74

という形で金額を交渉していくことが実務上多いです。例えば、労働者側からは「退職するなら12カ月分の給与は解決金としてほしい」という要求がなされます。

　昨今、解雇の金銭補償制度について議論がなされているところでもあり、解決金相場について実務上よく問い合わせを受けるところです。そこで、私の経験から退職和解の解決金相場観や解決金を決める際の着目点についてお話しします（紙幅の都合上、労働審判での退職和解の場面を前提にお話しします）。

（2）労働審判について

　労働審判手続は、労働審判官（裁判官）1人と労働関係に関する専門的な知識と経験を有する労働審判員2人で組織された労働審判委員会が、原則として3回以内の期日で審理し、適宜調停を試み、調停による解決に至らない場合には、事案の実情に即した柔軟な解決を図るための労働審判を行うという紛争解決手続です。

　このように、労働審判は、裁判所で行う手続きですが、基本的には話し合いでの解決を最優先に考える手続きです。

（3）退職和解をするのは解雇事案だけではない

　退職和解は、解雇、雇い止め、休職期間満了など、もともと労働者の雇用契約終了が争われる事案だけに限りません。

　実は、残業代請求やパワハラの慰謝料請求等、雇用契約終

了が問題になっていない事案においても、会社が解決金を支払うことで、退職和解で解決している事案も数多くあります。残業代問題等であっても、労使トラブルがすでに生じてしまっている以上、今後も良好な関係で就労してもらうということが難しいのが現実です。そのため、事案によっては会社側から退職和解を提案します。労働者側が退職を前提とした話し合いに応じてくれれば、あとは解決金をいくらにするかという問題になります。

（4）『1・3・6・12』？

　解決金の水準については特に明確なルールはなく、例えば、解雇無効事案の場合は「12カ月分支払いなさい」とか、「解雇有効事案の場合は1カ月分の支払いで足りる」といったルールはありません。しかし、裁判所も労働者側も労働者の月給の『1・3・6・12カ月分』という数字を意識している印象を受けます。解雇無効事案では12カ月分を希望してくる労働者が多いです。

　実際は個々の事案における事情により結論が全く異なるので、一概に解決金の水準を決めることにあまり意味はありません。

　しかし、解雇有効事案や解雇有効に優勢な事案であれば3カ月分以内でおさまることが多い印象です。逆に、解雇無効や解雇有効に劣勢な事案であれば6カ月から12カ月分の支払いをすることが多い印象です。これも事情によりますが、

労働審判において12カ月分まるまる支払うケースは経験上あまり多くありません。

（5）解決金を左右する要素

　一番重要なのは、勝ち事案か負け事案かです。判決の場合は解雇が無効か有効かの『0か100』の判断がなされますが、労働審判での和解の場合は、例えば40％くらい労働者の方にも問題があったのではないかというような折衷的な観点から解決金額を決めることができます。労働者に全く非がない解雇や手続きをきちんと踏んでいない解雇の場合は、労働者側の落ち度が少ないため、どうしても退職和解をする場合には相応の解決金の支払いが求められます。

　次に、解雇から退職和解までの時間も解決金を左右する要素になります。例えば解雇からすでに6カ月が経過しているような事案の場合、労働者側は解雇が無効であれば当然この6カ月分の給与は貰えたはずであり、退職和解の解決金はそれとは別途支払ってもらいたいという要求をしてきます。労働審判の場合は、解雇からそれほど時間が経過しないうちに申し立てがなされ、短期間のうちに和解が成立することがありますが、通常の民事訴訟では、1年以上経過してから退職和解をする場合は、いわゆるバックペイをどう取り扱うか非常に頭の痛い問題です。解雇から時間が経てば経つほど、退職和解をするにしても労働者側の要求額が増えるのが一般的であることから、解雇の負け事案であれば、労働審判や民事

訴訟の提起を待たずに任意交渉の段階で早期の退職和解を検討すべきです。

労働者の勤続年数も考慮されることがあります。例えば入社2カ月で解雇された場合と、勤続15年で解雇された事案とでは、解決金の水準には違いが出ます。これは入社2カ月の労働者の方が退職和解に応じやすいということもあり、そこまでの解決金を提示しなくても和解がまとまるケースが多いからだと考えられます。

会社の体力も解決金を決めるうえでの重要な要素です。あくまで話し合いの手続きですから、会社の体力や経営状況も解決金を減額してもらうための有力な説得材料です。

あとは労働者側の事情です。他への再就職が容易か否かにより解決金の水準は大きく左右されると思われます。そもそも再就職が難しい労働者は、退職和解そのものに応じないことも多々あります。このような労働者について会社がどうしても退職和解をしたいと考えるのであれば、それ相応の解決金を支払う覚悟をしていただく必要があるかと思います。このような労働者については解雇をするという判断自体を慎重にすべきであり、「とりあえず解雇して、あとは裁判で解決金を払って辞めてもらう」などと安易に考えるべきではありません。

このように、解雇事案の退職和解の解決金相場は、様々な事情があって解決金が決まるため、一概に水準を示せないのですが、解雇事案については時間が経てば経つほど解決金の

水準が上がるような印象があります。解雇を争われた場合は、解雇の有効性を見極めたうえで、早期に退職和解に向けた検討を実施することが、会社の損失を最小限に食い止めることにつながります。

17 主治医に従業員の健康状態を聞かずに解雇は問題か？

#解雇　#休職　#怪我・病気　#聞き取り　#退職勧奨

（1）高くて厚い主治医の壁

　会社が、精神疾患などで休職している従業員の主治医に会わないで解雇したり、休職期間満了で退職扱いとするケースが多くみられます。

　しかし、主治医に会わないで従業員の健康状態を聞かずに解雇、退職扱いをすると無効になってしまうことが多いのです。

　J学園事件判決（平22.3.24 東京地裁判決）をご紹介いたします。

　学校の先生がうつ病にかかり、休職と復職を繰り返して、学校側として勤務に耐えられないと判断して普通解雇を行なった案件です。校医が主治医に連絡をしても主治医の先生が回答しなかったのですが、それ以上は何も連絡せずに解雇をしてしまったのです。

　「被告は、原告の退職の当否等を検討するに当たり、主治医であるA医師から、治療経過や回復可能性等について意見を聴取していない。これには、F校医が連絡しても回答を

得られなかったという事情が認められるが、そうだとしても（三者面談までは行わないとしても）、被告の人事担当者であるＭ教頭らが、Ａ医師に対し、一度も問い合わせ等をしなかったというのは、現代のメンタルヘルス対策の在り方として、不備なものといわざるを得ない」と判断しております。

　多くの場合、従業員の健康情報を一番知っているのは主治医であるため、会社が主治医に何らかの形でアクセスして健康情報を確認せずに解雇を行うことは許されないという趣旨です。現在の裁判実務では、自然退職・解雇を行う前に、会社担当者が主治医に面談する（多くの場合本人同席）、もしくは書面で主治医に回答を求めることは、セオリーになっています。

（2）主治医に聞くべきこと

　このように、主治医にまず聞きに行くことが重要で、そこでの回答次第で状況が変わります。主治医に説明・確認すべき内容は、次の通りです。

① 業務内容を説明する

　主治医には会社の業務内容や従業員が担当していた業務内容について詳しく説明します。業務内容を知ることにより、復職可能という診断書を書いていた主治医が、「その業務内容ではフルタイムで勤務するのは難しい」などと意見を変更する場合があるからです。

② 初診日

いつからその病気で通院したのかを確認します。なぜなら その病気が持病であり、入社前から病気にかかっている可能 性もあるからです。とはいえ、たとえ入社前から病気だった ことが分かったとしても、それは入社時のチェックが甘かっ た会社側の責任でもありますから、この段階で会社から問題 にすることはできません。

ただし、入社前から病気だったことが明らかになれば、業 務と病気の関連性がないことを裏付ける事実になることもあ ります。

③ 薬の種類と量、履歴

薬の種類が分かれば、今はインターネットなどで効用や副 作用を調べることができます。どのような症状に効くのかが 分かれば、どの程度の病状なのかが推察できることもありま す。薬の量も病状によって変わりますから、病状を推察する のに参考になります。

また薬の履歴を尋ねて薬の変遷や数量の増減が分かれば、 症状が快方に向かっているのか、悪化しているのかが分かり ます。薬が頻繁に変わっているときには、投薬治療の効果が なかなか現われないことが推察できることもあります。その 場合は、復職の手続はより慎重に進めなくてはなりません。

要するに、精神疾患は投薬でコントロールすることがほと んどですから、処方している薬について、主治医の本音が現

れるのです。診断書には同じように「就労可能」と書かれていても、本当に軽い薬しか処方されていないケースもあれば、10種類もの薬を処方されているケースもあるでしょう。病状を推察する上で薬を知ることは非常に有効ですから必ず確認するべきです。

　もちろん、素人では判断できないことも多いので、カルテや主治医ヒアリングを元に産業医や他の専門医に確認する必要がありますが、薬の種類と量については会社として確認するべきです。

④ フルタイムで働けるかどうか

　本人の業務内容を十分に説明した上で、フルタイムでその業務に就いても大丈夫かどうか、主治医の判断を仰ぎます。フルタイム勤務が無理なら、１日何時間程度、週何日程度なら就業可能か確認します。

⑤ 復職後は何に気をつけるべきか

　残業はさせないほうがよいか、元の業務に戻してよいかなど、会社が留意するべきことを確認します。主治医が述べた点に配慮しておけば、会社が過重な業務をあえて負わせて、病気を再発させたなどと後で主張される可能性に備えることができます。

　また、会社が主治医の見解に従って就労環境を配慮したにもかかわらず再発を繰り返した場合は、会社としてできるこ

とはすべて行ったと言うことができ、将来やむを得ず退職し
てもらう際の重要な根拠になります。

18 経歴詐称を理由の解雇が認められる場合とは？

#解雇　#懲戒処分　#退職勧奨　#求償　#訴訟

【トラブル事例】

（1）前職でのシステム開発の能力を買って採用したものの、基本的な知識もなかったことから、よくよく調べたところ前職は短期間で退職していたことが発覚した。

（2）勤務態度が非常に悪く懲戒処分を検討していたところ、前職の退職事由が自己都合退職ではなく懲戒解雇だったことが発覚した。

　経歴詐称が発覚するのは、多くの場合、従業員の能力不足や勤務態度不良について会社が不審に思い、履歴書等を読み返して調べた時です。

　経歴詐称が発覚した場合、会社としてどのような対応を取るべきか、経歴詐称を理由に解雇が認められるのか、解雇以外に採るべき方法があるのか等について説明します（参照：KPI ソリューションズ事件／東京地裁平 27.6.2 東京地裁判決）。

① 労働者は経歴について虚偽や真実を隠してはならない

雇用契約は、売買契約のような1回きりの契約ではなく、お互いの信頼関係を基礎にした継続的な契約関係です。そのため、会社は、労働者の採否について慎重に検討する必要があり、能力に関することや会社秩序を維持するために必要な事項について質問することが認められています。

労働者も、会社が判断するために必要な経歴については虚偽の事実を述べたり、真実を隠してその判断を誤らせたりすることがないようにする信義則上の義務を負っています。

したがって、労働者が経歴を詐称することは、信義則上の義務違反になります。

② 経歴詐称＝解雇有効ではない

経歴詐称によって直ちに解雇が認められるわけではありません。

裁判所は、経歴詐称による解雇が認められるか否かについて、会社が、その労働者のどのような経歴を重視して採用したのか、経歴詐称の内容や詐称の程度、企業秩序への危険の程度等を総合的に勘案して判断します。

特定の経歴詐称があれば必ず解雇が有効であるというような形式的な判断ではありません。

実際に解雇が有効になった事案では、履歴書には同業他社に在職中と記載があるものの実際には短期間ですぐに退職しており在職中ではなかったこと、退職事由も普通解雇だった

こと、会社が求める特定のシステム開発をする能力がないにも関わらず能力がある旨アピールしたこと、日本語能力が必要とされていたのに履歴書や職務経歴書は自分一人で書いたもので文法等も問題ないなどと答えたこと（実際には就職活動支援会社が手助けして作成していた）、その他、論文盗用や上司に対する反抗的な態度等も踏まえて解雇有効と判断しました（前掲 KPI ソリューションズ事件）。

　経歴詐称による解雇が認められるポイントは、会社が特定の能力やスキルを重視して採用したにも関わらず、その能力に関して詐称があったか否かです。特に技術的な業務についての資格の有無や経験年数は、会社にとってその労働者の能力を判断する際の重要事項であることから、この点についての詐称は信頼関係を大きく損なう事項にあたります。

　また前職を懲戒解雇されていた事実も、企業秩序維持の観点からは、信頼関係を大きく損なう重要な事項にあたります。

　なお、営業社員の営業能力のように、評価を伴うような能力については、そもそも経歴詐称があったとはいえないと判断される可能性が高く、かつ営業成績が上がらないことについてはいくらでも言い訳ができてしまうところであることから、そのことを理由に経歴詐称で処分するのは危険です。

③ 悪質な経歴詐称に対しては損害賠償請求が認められる可能性も

　経歴詐称が直ちに民事上の不法行為に該当するわけではあ

りませんが、事実と異なる申告をするだけでなく、より会社に積極的に働きかけて賃金の上乗せを認めさせたような場合に、詐欺に該当して不法行為を構成し、損害賠償請求が認められたケースもあります（前掲 KPI ソリューションズ事件）。この事案は、経歴を詐称し入社時の給与を月額 40 万円から 60 万円に増額させたケースで、その増額部分について不法行為による損害と認めています。

④ 経歴詐称が発覚した時期も重要

　入社してすぐに経歴詐称が発覚した場合は、労働者も諦めて争わない可能性もありますが、例えば入社して 10 年間、特に問題なく勤務していた場合のように、転職が難しく、家庭や住宅ローン等、経済的な事情がある場合には、解雇が争われるリスクが高まります。

　むしろ、入社後、特に問題を起こすこともなく 10 年間勤務していた事実は、経歴詐称が企業秩序に与えた影響は小さいこと、能力や勤務態度に問題がないことを裏付けるものであり、解雇はあまりに酷であり解雇無効という判断になる可能性が高いと思われます。

　したがって、経歴詐称について解雇を含めた処遇については、その労働者の置かれた立場を踏まえて慎重に検討すべきであり、まずは退職勧奨を試みるなどして、解雇は最後の手段と考えるべきです。

19 賃金カットなど不利益変更が認められる場合とは？

#不利益変更　#訴訟　#就業規則　#労働組合

（1）不利益変更を簡単に考えてはいけない

　中小企業の場合、社長が「すみません。原油が値上がりしていて今期は赤字になりそうです。来月から給料は5パーセントカットです。みんなで我慢しましょう」と言って、従業員個人から同意を取らず、就業規則さえ変更せず、無理やり通してしまう場合があります。社員も「そういえばテレビで原油高騰の影響で給料が下がったという話を耳にした。ウチもしょうがないのかな」と、何となく納得してしまうことがあります。

　ですが、このようなやり方は、労働契約法上無効です。5パーセントカットを争う人がいないので問題になっていないだけのことです。

（2）不利益変更はよほどのことが無い限り認められない

　経営が非常に厳しい状況に立たされた日本航空は、機長に支払っていた機長管理職長時間乗務手当の制度を廃止しようとしました。休息時間も乗務手当の支給対象となっていたこ

89

　とを取りやめたりすることなどの施策を実施しました。

　しかし、機長はこれを不服として訴訟を起こしました。

　日本航空も裁判になるのは予想していたはずですから、訴訟に勝つ自信はあったのでしょう。ところが東京地裁は、未だ業績は回復していないとして経費削減の必要性は認めつつも、労働者の不利益は大きいとして、長時間乗務手当の削減は無効であると判断しました（日本航空事件／平 15.10.29 東京地裁判決）。

　このときに裁判官が重視したのは、削減した手当の平均額です。1 人当たり 1 年で 137 万円の減額は、絶対額として相当大きいと判断しました。

　しかし原告の年収は約 3000 万円でしたので、削減額は賃金の 5 ％弱です。相対的に見ればそれほど大きな金額でもないでしょう。それでも裁判所は、年収が高額とはいえ、1 年で 100 万円を超える賃金削減は合理的ではないと判断したわけです。

（3）手当のカットも争いになる

　あるメーカーでは、時間外食事代（500 円）や営業職の外出時食事補助（400 円）などをたくさんつけていました。ところが時代が変わるにつれて、この待遇が恵まれすぎているのではないかと考え、会社は 1 人当たり数千円の食事手当のカットを申し入れたのです。

　実際、時間外労働をしたからといって、会社で食事をして

いるかどうかはわからないのですから、その手当の主旨からすれば経営者が手当のカットを考えるのは当然でしょう。

しかし労働組合は、手当のカットは不当であるとして反対し、労働組合員が原告となり、訴訟を起こしました。そして主に会社の業績が黒字であること、各種手当も賃金であり不利益の程度は大きいという理由で、会社側は負けてしまったのです。

今後、賃金に手当を加えようと考えているなら、注意が必要でしょう。ひとたび手当をつけたら、余程のことがない限り削減できないと覚悟しておいたほうが無難です。

労働法に関する知識に乏しい従業員なら（何となく）賃下げの提案に同意してくれるかもしれませんが、会社に労働組合があり、労働組合の理解が得られない場合は確実にトラブルに発展します。

会社の人件費を削減するのであれば、むやみに手当を減らすより、賞与を減らしたほうが安全です。賞与ならばどんなに切り下げても、法的には問題になりません（ただし、賞与支払金額を予め約束している場合などは別です）。

日本航空の場合、137万円の減額は絶対額として相当大きいという判断がされましたが、絶対額が小さい手当ならカットできるというわけではありません。

（4）従業員代表の同意だけではダメ

不利益変更は一人ひとりの社員の同意が必要です。従業員

代表の同意だけでは認められません。たとえば営業手当を半額にする旨の就業規則を変えるとき、従業員代表の同意があればよいと考えている方がいるかもしれませんが、これは誤っています。

また、従業員代表を選挙など何らかの民主的手続きで選ぶべきなのですが、多くの場合、選挙などの民主的選出手続きを踏んでいません。選挙をやらないで社長がポンと肩を叩き、「○○くん頼む」などと決まっている場合も多いのです。

いずれにしても、従業員代表が会社と不利益変更について合意しても不利益変更が有効になるとは認められません。給料はあくまでも一人ひとりと交渉をしないといけないのです。

個人個人と約束しなければいけない例外が、労働組合がある場合です。組合は代理人のような存在です。たとえば社員が100人加入している労働組合があれば、組合と合意できれば、特別な事情が無ければ100人と会社が合意したと同じことになります。

従業員数が少なく、組合もない中小企業においては、話し合いで解決することは稀で、社長の一声で決まったり、従業員代表のサインで終わりにしていることがあります。しかし、社内に不満が蓄積し、労働組合ができて徹底的に争うことになった事例もあります。

賃金カットは争われることは少ないのですが、争いになれば、一人ひとりと合意していない場合（就業規則の改訂も必

要です）、多くのケースで無効となっています。

　賃金カットについては、注意が必要です。

20 退職時の引継ぎトラブルへの対処法は？

#退職　#引継ぎ　#有給休暇　#就業規則　#怪我・病気

【トラブル事例】
（1）退職日の14日前に退職届を提出したところ、会社は、就業規則に規定した30日前までの届け出がなされていないとして退職を認めなかった。
（2）退職日までの有給休暇を申請したところ、会社が引継ぎの必要から有給休暇の取得を認めなかった。

　従業員が退職したいと申し出た場合、会社としては、必要な引継ぎをしてもらいたい、後任が着任するまで退職を待ってもらいたいと考えるものです。このようにきちんと引継ぎをしてもらいたいと考える会社と、すぐにでも会社を辞めたい、未消化の有給休暇を取得したいと考える従業員との間でしばしばトラブルになります。

（1）２週間経過で退職の効力は生じてしまう

　就業規則に、「退職を申し出る場合は、30日以上前に退職届を提出しなければならない」と規定されていることがあります。会社としては、引継ぎもなくいきなり退職されては困

るため、引継ぎに必要な期間も見込んでこのような規定を置いていることが多いです。この規定の趣旨自体は理解できます。

　しかし、民法第627条第1項は、「当事者が雇用の期間を定めなかったときは、各当事者は、いつでも解約の申入れをすることができる。この場合において、雇用は、解約の申入れの日から2週間を経過することによって終了する」と定めており、会社が認めなくとも2週間が経過することで雇用契約は終了となります。

　そして、これと異なる就業規則の定めについては、「民法第627条の予告期間は、使用者のためにはこれを延長できないものと解するのが相当である」（高野メリヤス事件／昭51.10.29 東京地裁判決）と解されており、仮に30日以上前の退職届の提出を退職の条件としていても、2週間の経過により退職の効力は生じてしまいます。

（2）トラブルを起こす従業員とは

　通常、従業員は、退職するにあたって、会社に迷惑がかからないよう、会社から言われなくても引継ぎを行います。このような従業員の場合、引継ぎをめぐってトラブルになることは少ないです。

　引継ぎをめぐってトラブルを起こす従業員は、「一刻も早く会社を辞めたい」、「こんな会社のためにわざわざ引継ぎをする必要はない」、「退職してしまえば無関係なのだからやる

だけ無駄」など、会社に対して少なからず不満を持っていたり、前向きな理由での退職でない場合が多いと考えられます。

　そのような従業員に対して、退職は 30 日以上前までに届け出なければ認めないとか、有給休暇の取得を認めない等と会社が言えば、従業員が次にどのようなことを考えるかは容易に想像できるはずです。

　会社は、未払い残業代問題等、逆に従業員から請求される可能性がないか、十分に検討すべきです。

（3）実際に引継ぎをしてもらいたい場合はどうするか

　従業員の立場からすれば、未消化の有給休暇があれば、それを退職日までに消化しようと考えるのが一般的です。

　会社としては、実際に引継ぎをしてもらいたいため、有給休暇を取得されては困るものの、現実には有給休暇の申請を拒否することは難しいといえます。

　実際に引継ぎをしてもらうためには、事情を説明して退職日まで実際に出勤してもらう代わりに、未消化の有給休暇を買い取ることにしたり、退職日までの出勤率が９割以上の場合には、未消化の有給休暇の買い取りに加えて退職加算金として一定の金銭を支払う約束をしたりすることが考えられます。未消化の有給休暇を使わないともったいないと考えている従業員に対しては、このような提案によって、実際に退職日まで勤務し、引継ぎをしてもらえる可能性はあります。ここは話し合いしかないと思われます。

なお、メンタルヘルス不調を理由に退職届を提出してきた従業員に対して、会社に出社させて引継ぎをさせることは避けてください。万が一、仕事中に体調が悪化したり、自殺してしまったりした場合、私傷病のメンタルヘルス不調から、会社の安全配慮義務違反の問題に発展する可能性があります。

（4）最後は諦めが肝心

　退職時の引継ぎをめぐるトラブルが引き金となって、別の労務トラブルに発展したり、退職の申し出そのものを撤回すると言い出したりした場合には、あの時、すんなり退職してもらっていればよかったと後悔します。

　最後は諦めが肝心です。

　特に問題社員が、自ら退職すると申し出たのであれば、会社はそのタイミングを逃すべきではありません。日本では解雇が容易ではないこと、仮に解雇が有効と認められるような事案であっても従業員から争われるリスクが高いことを考えれば、引継ぎが不十分であっても、とにかく円満に退職してもらうことを最優先に考えるべきです。

21 口頭やメールでの 退職の申し出には要注意！？

#退職　#退職勧奨　#訴訟　#退職金

【トラブル事例】

・口頭で「退職します」と申し出たものの、2日後に「やっぱり退職しない」と言い出した。

・メールで「退職でお願いします」と送信してきたものの、その後に退職の申し出を撤回した。

（1）退職意思の表示方法

　退職の意思表示は、労働者が退職届を会社に提出して行う方法が一般的です。しかし、最近はメールで「退職します」と連絡してくることがあります。また、退職勧奨の面談で「わかりました、退職します」と労働者が退職に合意する場合もあります。

　退職届が提出された場合、トラブルに発展することは実務上少ないですが、メールや口頭での申し出の場合、よくトラブルになります。そして裁判所も合意退職の成立を否定することがあるため実務上注意が必要です。

（2）口頭での退職の意思表示が否定されたケース

　税理士事務所 地位確認請求事件（平 27.12.22 東京地裁判決）は、使用者との面談において、労働者が「来年 1 月までで退職したいと思います」と述べ、その日の午後には、同僚に対しても、「大変な時期に申し訳ない」、「退職理由は X さん（が原因）ではないので」等、退職を前提とした発言をしていた事案において、「確定的」な退職申し出の意思表示があったとまではいえないとして、退職合意の成立を否定したケースです。

① 退職勧奨での申し出には注意

　この事案で労働者が「来年 1 月までで退職したい」と発言したのは、使用者から勤務態度について指摘され、初めて退職勧奨を受けた際でした。

　裁判所は、正社員として働いており簡単に退職を決意するような動機もないとしたうえで、「熟慮の上で発言しているとは考えられず、むしろ自己の非を指摘されてその反発心から突発的になされた発言と理解するのが素直である」と判断しました。また、同僚への言動についても、「軽率に退職を発言したことを後悔しつつも自分からは退職申し出の撤回を言い出すことができず、周囲が自分を理解して退職を引き留めてくれるのを期待している心情も読み取れる」として、確定的な退職の意思表示とはいえないと判断しています。

② 退職を前提とした手続きは迅速に

この事案において裁判所は、労働者が退職の申し出をした翌日も翌々日も通常どおり勤務しているところ、その間に退職を前提とした手続きが取られた形跡がなかったことも指摘しています。

この事案の結論については、いささか労働者救済の色彩が強いように感じます。退職勧奨において、退職合意を引き出すこと自体がすべて否定されるわけではないですし、そこで労働者が「退職します」と言えば、それは確定的な退職の意思表示と評価し得ると考えます。

しかし、その場合でも、迅速に退職承諾書の作成、退職合意書の取り交わし、退職時の返却物リスト、引継ぎリストの作成など、退職を前提とした手続きを進めておくことが必要です。

（3）メールでの退職の意思表示が否定されたケース

口頭よりも、メールという形で文字として残っていれば、退職の意思は明確なようにも思います。

しかし、アクアクララ事件（平 26.9.4 大阪地裁判決）は、会社が部署の解体を理由に、労働者に遠方への異動か退職かを打診したところ、労働者が、異動には応じられないので「会社から提示された条件の下に、自己都合にて退職させていただきたいと思います」とメールを送った事案において、当事者間の雇用契約を終了させる拘束力を有する合意とは評価し

ないと判断したケースです。

① 退職条件は明確に

　裁判所は、会社の異動・退職の打診が概括的な説明にとどまり、退職の時期も決まっていなかったこと、その後、労働者との間で退職を前提とした条件・手続きを具体的に詰める交渉に入ったものの退職日について合意が得られなかったこと、退職に関する何らの文書の取り交わしもしていないことに着目し、労働者が送ったメールは、会社が提示した異動・退職の「2つの選択肢のうち自己都合退職を選択するということを表明したものにすぎず、これをもって、当事者間の労働契約を終了させる拘束力を有する合意と評価できるものではない」と判断しました。

② 退職日の特定は重要

　裁判所は、退職日の合意がなかったことを重要視しています。会社からの退職打診においても、労働者からのメールにも退職日の特定がなされておらず、結局、その後も退職日が決まりませんでした。そのため、裁判所は、退職日も明確になっていない当該メールだけでは、雇用契約を終了させる同意とは評価できないと判断したのです。

③ やはり重要なのは手続き

　裁判所は、会社の退職手続きの不備も指摘しています。こ

の会社の就業規則には、「従業員が自己都合により退職しようとする場合は、少なくとも30日前までに所属長を経て退職願を提出し、会社の承認を得なければならない」との規定がありました。裁判所は、かかる就業規則に定める自己都合退職の手続きが取られていないことも指摘しています。要するに、争いが生じている以上、メールだけでは足りず、退職願を提出し、会社が承認するという手続きを取るべきであったということです。

（4）基本に立ち返る

　口頭でもメールでも、労働者から「退職します」と伝えられれば会社も安心してしまうものですが、その後の退職条件（退職金等）で紛争が生じ、退職日も決まっていなければ、退職の意思表示自体が争われる可能性は十分にあります。もちろん初めに「退職します」という連絡があり、その後に労働者と話し合って退職日を決めることもありますが、その場合でも早急に話をして退職日を特定すべきです。結局、退職日を特定した退職届をもらい、これに会社が退職受理の証明書を出す、または労働者と退職合意書を取り交わす、この基本はいくらメール等でのやりとりが便利になったとしても怠るべきではありません。

22 | セクハラの認定は難しい？

#セクハラ **#労働災害** **#パワハラ**

（1）セクハラの特殊性

　セクハラ問題では加害者が「同意の上で行なったことである。セクハラではない」と反論されることが多く、実際にはどうなのか、第三者には本当のところがなかなかわかりません。

　たとえば、上司の立場で、女性部下にセクハラまがいのメールを打ったとします。女性はそうしたメールが来ても上司との関係が損なわれることを恐れ、適当に受け流します。あるいはセクハラメールに下ネタを交え冗談めかして軽く対応、反応するケースもあります。男性から、「これは同意をしていると言えるのではないか」と反論される可能性もあります。

　そのため、セクハラか否かについての判断は簡単ではなく、事案によっては非常に難しいことがあるといえます。セクハラメールを交えたメールのやりとりが残っていることが加害者側にとってはむしろ有利になってしまうこともあります。

　ただ、最近では厚生労働省の精神障害の労災認定基準（平23.12.26 基発 1226 第 1 号）に、セクシュアルハラスメント事案の留意点として、次のことが明記されています。

2　セクシュアルハラスメント事案の留意事項

　セクシュアルハラスメントが原因で対象疾病を発病したとして労災請求がなされた事案の心理的負荷の評価に際しては、特に次の事項に留意する。

①セクシュアルハラスメントを受けた者(以下「被害者」という。)は、勤務を継続したいとか、セクシュアルハラスメントを行った者(以下「行為者」という。)からのセクシュアルハラスメントの被害をできるだけ軽くしたいとの心理などから、やむを得ず行為者に迎合するようなメール等を送ることや、行為者の誘いを受け入れることがあるが、これらの事実がセクシュアルハラスメントを受けたことを単純に否定する理由にはならないこと。

②被害者は、被害を受けてからすぐに相談行動をとらないことがあるが、この事実が心理的負荷が弱いと単純に判断する理由にはならないこと。

③被害者は、医療機関でもセクシュアルハラスメントを受けたということをすぐに話せないこともあるが、初診時にセクシュアルハラスメントの事実を申し立てていないことが心理的負荷が弱いと単純に判断する理由にはならないこと。

④行為者が上司であり被害者が部下である場合、行為者が正規職員であり被害者が非正規労働者である場合等、行為者が雇用関係上被害者に対して優越的な立場にある事実は心理的負荷を強める要素となり得ること。

つまり、被害者はセクハラを受けたときに、行為者に迎合するようなメール等を送ること、行為者の誘いを受けること、すぐに第三者に相談するなどの行動をとらないことという傾向にあり、そうしたことのみでセクハラを受けたことを単純に否定する理由にはならないとしています。

　また、医療機関においてセクシュアルハラスメントの事実を申告していないことや、我慢してしまうことを、心理的負荷が弱いと単純に判断することはできないとしています。

　上司が加害者の場合、職場での関係を気にするあまり、すぐに相談できなかったり、迎合的なメールを送ることは、ままあります。だからといって、セクハラがなかったとは言えません。

　このように、セクハラ案件の場合、事実の認定が非常に困難なことが多いです。より客観的な証拠（メールのやりとり等)をもとに被害者供述の信用性を検討することになります。

（2）関係がうまくいかなくなり訴えた

　セクハラ、パワハラが発生した場合、事実関係を整理すると同時に、事件の背景にも注目します。

　女性部下が上司のセクハラ行為を訴えたことがありました。これだけであれば、通常のセクハラ被害の案件ですが、そのセクハラ行為が 10 年前の出来事であったことと、実はその女性部下と上司は、最近まで不倫関係にあったというのです。真相の程は分かりませんが、2 人の関係がうまくいか

なくなり、恨みに思った女性が「ずっとセクハラを受けていた」と訴えたのかもしれません。

　上司は「10年前の出来事は同意の上のものだった」と主張しましたが、女性は「セクハラをずっと我慢していた。同意はしておらず、上司から脅されて交際を続けていた」と言います。上司が「良好な関係を示唆するメールのやりとり、2人とも笑顔の写真がある」と言っても、女性は「上司に命じられて逆らうことができなかった。相手に合わせざるを得なかった」などと主張しました。訴訟になり、風評被害を恐れた会社と上司側が折れて和解に至りました。

　また、夫や妻に社内不倫がばれて、自分を正当化するために、突然セクハラと言い出す裁判例がありました。双日総合管理事件（平26.2.5 東京地裁判決）は、上司との社内不倫が夫に発覚するや、当該上司からセクハラを受けていたと虚偽の申告を行った事案です。

　このように、セクハラの背景には様々な事情があり、このような背景を踏まえて申告しないと、誤った判断をしてしまうのです。

同業他社へ転職した社員への
対応方法は？

#訴訟　#退職金　#就業規則　#懲戒処分　#不利益変更

　成績優秀な営業マンが同業他社に引き抜かれたり、既存顧客に営業をかけて顧客をごっそり持って行ってしまう等、同業他社への転職をきっかけに会社が多大な損害を被ることがあります。そこで、このような場合に会社としてどのような対策が取れるのかを検討します。

（1）競業行為の差し止め、退職金返還請求

　代表的なものとして、競業禁止義務違反に基づく競業行為の差止めや退職金の返還を求める訴訟があります。

　競業禁止義務違反とは、事前に会社と退職社員との間で、例えば2年間は同じ県内で同業他社に転職したり自営をしたりしないという約束を結んでおいて、その約束違反を根拠に競業行為の差し止めを求めるものです。

　また退職金規定に、例えば退職後2年以内に同業他社に転職した場合には退職金を返還するという規定を定めておき、その約束違反を根拠に退職金の返還を求めます。

　このような請求をするためには、あらかじめ退職社員との

間で特約を結んでおく必要があります。なぜなら、労働者には職業選択の自由があり、退職した後の働き方や生き方まで、退職した会社が一方的に制限することができないからです。

（2）競業禁止の特約を取り交わす

　退職社員と退職後の競業行為について禁止の特約（合意書、誓約書、確認書等タイトルは問いません）を取り交わしましょう。

　しかし、退職社員は、退職の意思を表明した時点で、すでに同業他社への転職が決まっていることも多く、サインに応じないことも予想されます。だからといって退職させないわけにもいきません。従業員には退職する自由があるので、退職の意思を表明した場合、会社が退職を拒んでも申入れの日から２週間経過すれば退職の効力が発生してしまいます（民法第627条第1項）。

　そこで退職後の競業禁止については、就業規則に盛り込んでおきます（ただし競業禁止は労働条件を不利益に変更するものと解されますので就業規則の変更手続きには注意が必要です）。また、競業禁止の特約は、入社時にも取り交わしておくとよいでしょう。誰しも入社時点で退職時の競業行為のことなど考えませんし、これから入社する会社に対して、サインを拒否して会社に不信感を与えるようなことはしないので、比較的すんなりサインに応じてくれると思います。

　それ以外にも、役職が変わるごとであったり、1年に1回

であったり、節目ごとに取り交わしておくとよいです。そうすることで、競業禁止や情報管理に対する会社の考え方を社員に周知徹底させることができるとともに、何かあれば会社が厳しく対応する可能性があることも意識づけさせることができます。

　もっとも、競業禁止特約も万能ではありません。仮に特約を結んだとしても、必ずしもその効力が認められるわけではなく、その特約自体が無効と判断されることがあります。

　裁判所は、競業行為に関して寛容であり、退職社員の会社での地位（役員・役職者だったのか平社員だったのか）、競業禁止の目的、競業禁止の範囲（業務内容や地域の限定があったか）、競業禁止の期間（期間の定めがあるのか無制限なのか）、代償措置（退職金の増額や競業禁止に対する在職中の手当があったか）等を総合して、合理的な範囲の競業禁止であるかを判断しています。競業禁止の具体的内容や期間に限定がなかったり、代償措置が一切講じられていなかったりする場合は、特約自体を無効と判断しているケースもあります。

　なお、競業禁止の特約がなかった事案ですが、元社員が退職後に競業行為を行った事案において、最高裁判所は、会社の営業秘密に係る情報を用いたり、会社の信用をおとしめたりするなどの不当な方法で営業活動を行ったとは認められず、会社（元の会社）と取引先との自由な取引が阻害されたという事情もないこと等から、競業行為が社会通念上自由競争の範囲を逸脱した違法なものとはいえない、として不

法行為にあたらないと判断しました（三佳テック事件／平22.3.25最高裁判決）。

このように、裁判所は、職業選択の自由を前提に、競業禁止の特約について厳格に判断し、退職後の競業行為について寛容な判断を示す傾向にあります。

（3）退職金規程に返還条項を入れておく

退職金規程に、退職金の返還条項を入れましょう。例えば、①退職後に在籍中の懲戒解雇事由該当行為が判明したとき、②退職後2年以内に同業他社に就職もしくは同種の業務を行ったときには退職金の一部もしくは全額の返還を求めるというような内容です。競業行為を行った場合は②で対応しますが、在職中に従業員の引き抜き工作や悪質な取引先の移転工作を行っていたことが後から判明する場合もあるので①のような内容も入れておくべきです。

もっともこの退職金規程の返還条項も万能ではありません。この規定があることで職業選択の自由に対する過度な制限となる場合には、この規定自体が無効となる可能性があります。裁判例では、競業禁止特約と同様、禁止の期間や代償措置を講じていたかどうか等を総合的に判断して規定の有効性を判断しています。また、これまでの勤続の功を抹消してしまうほどの著しく信義に反する悪質な行為であるか否かも判断しており、そこまで悪質な事案でなければ、退職金の全額返還が認められない可能性があります。

（4）退職金を加算方式にする

　退職金を支給する段階で、通常の退職金のほかに競業他社に転職した場合は返還しなければならない旨の合意等を条件とした退職加算金制度を設ける方法も考えられます。

　加算金制度への申請をするか否かを社員が自由に決められるようにしておけば、仮に競業他社への転職を考えている社員は、この制度を利用しないで通常の退職金のみをもらえばよく、退職後の職業選択の自由を不当に制限するものではないと評価できます（参照：野村証券事件／平 28.3.31 東京地裁判決）。

　もちろん従前から退職金制度がある会社において、今までの退職金原資をそのままにして、一部を加算方式にする場合は不利益変更の問題になるので注意が必要です。

24 労働紛争を起こさないためのポイントは?

#訴訟　#教育・研修　#採用

【トラブル事例】

　A社は設立から数十年が経過した中小専門商社ですが、三代目経営者Xさんは、昨年事業承継をしてから様々な問題に悩まされています。影でXさんの悪口を取引先に言う親戚の取締役、面従腹背のベテラン営業部長、退職した営業職員からの未払い残業代請求、古くからある労働組合との団体交渉は毎回難航するなどいくつもの問題が山積みです。これらの問題はいずれ解決しなければならないとして、労働紛争はせめて起こさないようにしたいと考えていますが、どうしたらよいでしょうか?

●労働紛争を予防するために

　労働紛争を予防するためには、もちろん法律を守ることが重要ですが、そのようなことはあえてここでは記載いたしません。

＜動物的勘を磨く＞

　どのような立派な専門家と契約をしていても、「何かがおかしい」と気付かなければ、何か事が起きてから専門家に相

談することになります。労働法は労働者を守る法律ですので、紛争が起きてから不利になるのは圧倒的に会社の場合が多いです。

　紛争を未然に防止することが上手な経営者・管理職・担当者の方は「何かがおかしい」と気付く動物的勘が鋭い方が多く、この動物的勘があれば深刻な事態に発展することは避けることができます。

　「自分が相手方ならどうするか」を常に考えるようにすれば、色々気付くこともあるかと思います。

　特に、担当者の中には「自分が余計なことを言うと責任を負うことになる。余計なことをしないでおこう」という考えをお持ちの方もいらっしゃいますので、積極的に経営者・管理職が動物的勘にもとづいて方針を決めて早めに手を打つ必要があります。

＜時にはマウンティングをする＞

　マウンティングとは、動物社会における序列確認の行為で、一方は優位を誇示し他方は無抵抗を示して、攻撃を抑止したり社会的関係を調停したりする行為と言われております。

　紛争を予防するためには、時には経営者や管理職としての圧倒的な力の差を見せつけることが必要です。残念ながら、少なくない労使紛争において、経営者の方が従業員に軽視されている（なめられている）場面を見てきております。「この経営者には敵わない」と思わせることも時には必要です。

　別にパワハラをする必要はなく、経営者として自ら営業し

大口の案件を取ってくる、独自の人脈を構築し新事業を開拓する、大口取引先であるがクレーマーに近い担当者と直接交渉し解決する、金融機関を説得し担当者では進まなかった資金調達を実現するなど自分の得意な分野で力を発揮する必要があるかと思います。

　以前、有名飲食店創業者の方の社長室にお邪魔したことがありますが、ご自身の格闘技の写真（例えばバットを足で折るとか10枚位の瓦を素手で割っている瞬間の写真とか）、大きな熊や虎などの剥製を所狭しと並べており、異常な長時間労働であるにもかかわらず何故深刻な労働問題が起きないのか、何となく納得したことがあります。

　また、以前深刻な労働問題を経験した経営者の方から最近メールをいただきました。そのメールには「以前は和気あいあいと楽しく経営するようにしていましたが、現在は、従業員に対して時には非情な決断をしたり厳しいことを言うなどするようにしたところ、労働問題が起きなくなりました」との記載がありました。分かる経営者は何となく体で体得しているのかもしれません。

<採用に力を入れる>

　教育・研修は重要ですが、なかなか人間は変わらないというのも事実です。特に問題社員の方はその傾向が顕著で、教育・研修で矯正することが非常に難しいです。親や友人との関係、日常生活の中で20年間、30年間培われてきた生活習慣や考え方をわずか数時間の研修で変えることは非常に困

難です。やはり採用に力を入れて問題社員になるような従業員を入社させないことが必要です。

　人間の目には限界があり、特に転職を何度も繰り返している方は自己アピールが非常に優れていますので、適性検査・実技試験等人間の主観に頼らない選抜方法を採用する必要があります。適性検査・実技試験等を何年も実施して、問題社員・優良社員等の採用時のデータをデータベース化していきますと、皆様の会社に合う人間・合わない人間のデータが蓄積していきますので、見極めも年々容易になります。

＜手間をかける＞

　労務に関する取組はともすれば後ろ向きの非生産的とも言える問題と捉えられがちです。就業規則・雇用契約書の整備、労働時間の管理、問題社員への注意・指導、懲戒処分等は後回しにしがちの問題です。ただし、労働問題は手間をかければかけるほどリスクが減ります。100点満点を取ることが難しくとも60点、70点の取組でもできるところから始めていれば深刻な労働問題が起きることはほとんどありません。なるべく労務に関する取組については手間をかけるようにしていただければその分リスクも減りますので、是非できるところから始めていただければと思います。

25 試用期間中の解雇は
簡単? 難しい?

#採用　　#解雇　　#解雇無効

（1）履歴書の職歴確認は違法ではない

履歴書の職歴確認はとても大切です。現在、履歴書の職歴を確認しない企業が増えています。個人情報保護が叫ばれているので、過去の職歴などに勝手にアクセスしてはいけないと思っているのでしょう。

ですが、「履歴書に記載のある会社に在職していたかどうか確認していいですか?」、あるいは「当社では応募者全員に一律で職歴照会を行っています」と断れば、嫌だという人はいないでしょう。とくに中途採用の場合、前職での経験をもとに採用するケースがほとんどですから、疑わしいと思えば職歴の確認はするべきであり、違法ではありません。

最近多いのは、履歴書と職務経歴書の記載内容のズレです。履歴書に記載されている会社が、職務経歴書にはないケースがあります。そのようなことがあるのかと思われるかもしれませんが、嘘をついているとどこかで綻びが出てしまいます。履歴書と職歴経歴書の職歴が合致しているか是非ご確認ください。

また、実際に履歴書に記載されている会社に在籍はしていたが、実際の在籍期間が記載されている在籍期間より短いこともあります。そういう場合は、履歴書に記載されていない会社があり、その会社で何らかのトラブルを起こしたことを隠している可能性があります。

　採用面接時の受け答えがどこかぎこちない、履歴書もなんだかおかしいなどと違和感を感じながらも、人手不足だからと急いで採用したために、ひどい目にあったというケースはたくさんあります。すでに日本では深刻な労働力不足が起こりつつあります。人手不足だからといって、職歴確認は怠らないようにしてください。

　特に、前職や前々職が倒産している場合は要注意です。労働トラブルが起きたため、「倒産した」と履歴書に記載していた前職をインターネットで調べたところ、立派に存在していた事例がありました。電話とインターネット検索の簡単な調査で足りますので、是非職歴の確認を行ってください。

　解雇の章でも触れますが、一度採用したら退職してもらうことは容易なことではありません。だからこそ採用は慎重に行うべきです。

　近年、個人情報は保護しなくてはならないという風潮が強くなっていますが、個人情報保護法は、取得した個人情報を目的外に使用したり、同意なく第三者に提供することを制限しただけで、原則として必要な個人情報を本人の同意のもと収集することを規制するものではありません。

　履歴書にある職歴を確認することは何ら個人情報保護法の趣旨に反するものではありません。

　職歴詐称が発覚してから解雇をすれば良いと考える方もおられるでしょう。しかし、職歴詐称をしていても、詐称内容が業務に影響を及ぼさない場合、解雇は難しいです。採用の段階で注意をする必要があります。

(2) 試用期間の解雇は法的には難しい

　実際に試用期間中に解雇をしているケースは多いのですが、裁判例になると解雇が無効となっている事例も多いです。

　麹町学園事件(昭46.7.19東京地裁判決)を例に考えてみましょう。

　私立女子中学校で、試用期間中の教員に対し、態度がぶっきらぼう、挨拶をしない、髪の毛が不潔、校則を批判するような授業を行なった、ネクタイを締めないなどの理由で試用期間中に解雇した事案があります。

　ところが、裁判官は「無愛想に見えるだけで挨拶はしている可能性がある」、「身だしなみが悪いというが、他の校長先生も赤いシャツを着ていた」、「校則を批判するような授業も建設的に議論しているだけであって、校則を否定しているわけではない」、「高温多湿の日本においてネクタイを締めなければいけないというのは不合理だ」など、様々な異議を唱えて解雇無効にしました。そのくらい試用期間中の解雇は難しいのです。

しかし一方で、「試用期間中 14 日以内なら解雇は自由にできる」との誤解が定着しているため、解雇された側も理不尽だと思いつつ、諦めてしまうことが多いのです。ですから裁判にはなりにくいです。

　また、会社は、試用期間中であれば解雇できると油断しているので、解雇理由が不明確なケースが多いです。麹町学園事件のように、「無愛想だ」「態度が悪い」などの解雇理由が典型的です。「無愛想」「態度が悪い」ことを証明することはとても難しいことです。裁判所は証言に重きを置きません。客観的な証拠に重点を置きます。学校の管理職が証言するだけでは証言として不十分です。

　試用期間中の解雇は、簡単にはできないはずなのですが、意外と知らない人が多いのです。

　試用期間中の問題行動について記録を取り、面談を重ね、それでも矯正できない場合は書面で注意をするなどのプロセスを踏まないといけません。日本では、試用期間中の解雇は実は難しいのです。

　ある日、労務担当者であるあなたのところに従業員がやってきて、「就業規則はどこにありますか？」と質問してきました。

　労務担当者であるあなたは、「なぜそんなことを聞くのか？」「この従業員は就業規則を見て何をしようとしているのか？」等、いろいろ考えてしまい返事に困ってしまいました。

　従業員の何気ない一言にも何らかの意図が隠れていることがあります。この従業員の意図を読み取り、かつ適切な対応をすることが労務問題を未然に防ぐ方法の一つです。そこで今回は、いくつか対応に注意すべき場面をご紹介します。

（1）「就業規則はどこにありますか？」

　もしこのように聞かれた場合、労務担当者としては、いくつかのことを考えなければなりません。

　この従業員の目的が、就業規則の中身を知りたいのか、就業規則の存在の有無そのものを知りたいのか、就業規則が存

在するとして物理的にどこにどのような形で存在するのかを知りたいのか、どの点にあるかです。

　そこで、従業員の目的を確認するためにも、労務担当者としては、「何か就業規則で確認したいことでもあるのですか?」と聞いてみたらよいと思います。

　従業員が就業規則の中身について具体的に気になっていることがあれば、例えば「慶弔休暇の取得日数について就業規則にどう記載されているのか知りたい」等、その場で言ってくれます。

　逆に、上記の質問をした際、「いや、ちょっと確認したいことがあるので…」等とはぐらかされたり、「就業規則は誰でも自由に閲覧できるはずです。特に理由を答える必要はありません」等と言われたりした場合には、現在の労働条件について何らかの不満を持っている可能性があります。

　そして、従業員から、就業規則そのものの存在及び物理的な場所について聞かれた場合には、労務担当者として明確に答えられなければなりません。労務担当者が就業規則の存在や物理的な場所について知らない、若しくは曖昧だということになると「この会社では就業規則が周知されていないのではないか?」という疑いを持たれてしまいます。

　就業規則によって従業員を規律するためには、就業規則を従業員が見ようと思えば見ることができる状態にしておかなければなりません。

　そのため、例えば、鍵のかかる社長室の中にあるとか、金

庫の中にあるとか、労務担当者の鍵のかかった引き出しの中にある等、従業員が就業規則の内容を確認しようと思ってもすぐに確認できない場合は、就業規則を周知していないと言われてしまう可能性があります。そうなると、例えば就業規則に定める懲戒事由に基づいて懲戒処分をしたとしても、根拠となる就業規則の効力が認められない以上、懲戒処分そのものも無効となってしまいます。

　このように何気ない質問でも、労務担当者としては様々なことを想定して返事をしなければならないのです。

（2）「1時間遅刻をしたので、1時間残って働いてもいいですか?」

　もし、従業員からこのように言われた場合には、労務担当者としてはどう返事をすべきでしょうか。1時間遅刻した分を、1時間残って働いてもらって合計8時間労働（この会社の所定労働時間が1日8時間であることを前提とします）となるようにすべきでしょうか。

　まず、押さえておくべきポイントは、従業員は会社がフレックスタイム制等を導入していない以上、会社が定めた始業時間から労働を開始する義務があるということです。したがって、1時間遅刻したから、そこから8時間働けばよいということにはなりません。すなわち、会社が定めた始業時間に遅れたという事実は、仮に1時間残って働いたからといっても消えることはありません。「1時間残って働いて合計8時間

働いているのだから悪くない」という感覚をお持ちの従業員の方もいらっしゃるので注意が必要です。

　次に、1時間遅刻した場合に、1時間残って働かせる必要があるのでしょうか。その日を定時の終業時間で退社させてしまったら7時間労働になってしまいますので、残って1時間働いてもらって8時間労働にした方がよいようにも思えます。

　しかし、会社には所定の終業時間を超えて働かせる義務はありません。あくまで会社が業務上の必要性がある場合に、時間外労働を命ずるものです。そのため、遅刻してきた従業員が、いくら1時間残って働いて8時間労働にしたいと言っても、その日の業務の状況からして、定時退社してもらって問題なければ、1時間残って働くことを認めず定時退社してもらい、遅刻の1時間分の賃金を控除すべきなのです。

　このように、従業員からの質問に対しては、本来はどうすべきであり（原則）、今回はどのように対応するのがよいか（運用）、という思考で対応していただくとよいと思います。

27 従業員の気になる質問
〜労務担当者ならどう返事するべきか？ その2

#休職　#怪我・病気　#長時間労働　#残業

　労務問題を未然に防ぐため、従業員の何気ない言動に対して、労務担当者としてどのように対応するのが適切なのかを、いくつかの場面を例にご紹介します。

（1）「働けません、明日から休ませてもらってよいでしょうか？」

　最近ちょっと元気のなかった従業員が、労務担当者であるあなたのところに「うつ病」で「1カ月の自宅療養を要する」と記載された診断書を持参し、このように言ったとします。

　労務担当者としては、病気はどの程度のものか、病気の原因に会社の業務が関係しているのか、長期休養により業務に支障はないのか等、いろいろと考えなければなりません。

　しかし、まず、労務担当者としては、病気の原因はともかく、「1カ月の自宅療養を要する」状態に従業員があるという事実を受け止めることです。

　そのうえで、今後どうするかを考えなければなりません。すでに、「明日から休ませてもらってよいでしょうか？」と

言っている従業員に「ダメです、明日も仕事に来てください。あなたが急にいなくなったら仕事が回りません。これは命令です」と言ったらどうなるか、容易に想像がつくと思います。

病気の原因が業務とは関係ないものであったとしても、「1カ月の自宅療養を要する」状態にある従業員を無理やり働かせたことによって病気が悪化したとなれば、その責任を追及されることは容易に想定されます。診断書を提出して「休ませてほしい」とお願いしたにもかかわらず働かせる会社に対して、本人だけでなくその家族からも強い非難を受けるでしょう。

また、それだけではありません、実際に働いてもらうところまでに至らなくても「ダメです、明日も仕事に来てください。あなたが急にいなくなったら仕事が回りません。これは命令です」という発言そのものが、従業員に精神的な苦痛を与え、病気が悪化することもあり得るのです。

そのため、従業員本人の体調のことを考えれば、かかる申し出があれば、その場ですぐに帰らせるべきということになります。しかし、どうしても引継ぎが必要であり、それをしないと例えば会社の資金が止まってしまうとか、給与計算が間に合わず従業員への給与の支払いが遅れてしまう等、会社の運営に重大な支障が生じてしまうということもあり得ます。そのような場合、会社としては、上記のようなリスクがあることを前提に、本人と協議を行い、例えば1時間だけ勤務してもらう、午後だけ勤務してもらう、自宅での作業を認

める、通勤にタクシー利用を認める等、本人の意向を聞きつつ、とにかく本人に配慮した形で引継ぎをお願いせざるを得ない場合も出てくるかもしれません（もちろん業務を行わせたことにより病状が悪化するというリスクはあります）。

このようなリスクがあることを踏まえて、労務担当者を含め会社としてどうするかを検討していただく必要があります。

（2）「残業が減り、困っています。残業させてください」

最近は、長時間労働の抑制に各企業が取り組んでいます。そのため、従業員からすると今までのように残業代がもらえなくなることから、このような発言があり得ます。

もしこのように聞かれた場合、労務担当者としては、残業についての基本を押さえたうえで、対応を検討していただくことになります。

まず、従業員には残業をする権利はありません。労働基準法等にも従業員に残業させることを権利として認めている条文はありません。

あくまで、残業は、会社が必要と認めた場合に、就業規則や個別の雇用契約に基づき、会社が命ずるものです。したがって、「残業をさせてください」というのは、何らかの根拠に基づいた請求ではなく、お願いなのです。

したがって会社は、必要のない残業はさせる必要はありません。また、特定の従業員だけに残業をさせることは従業員

間の偏りが生じ、望ましくありません。

　もっともここで難しいのは、残業ができなければ他の会社に転職してしまう可能性があることや、会社が残業してもらいたい時に「あの時は、残業をするなと強い口調で言われたのに、今度は残業してくださいというのは虫が良すぎる」と非協力的な態度になってしまう可能性があることです。

　ここまでくると法律論ではなく従業員との日々のコミュニケーションの問題です。会社としては、原則として残業はさせられないとしつつも、仕事の効率化、生産性の向上により会社が成長していけばその成果が従業員にも還元されるというイメージを持たせるような働きかけや対話を従業員としていく必要があると思います。各社が人手不足で悩んでいる現状において、従業員のモチベーションの維持と会社への帰属意識を持っていただくことが、円満な労使関係を構築していくためになくてはならない非常に重要なことだと思われます。

28 退職勧奨前に
確認しておくべきことは？

#退職勧奨　　#有給休暇　　#引継ぎ　　#退職金

　退職勧奨時の留意点については、これまで何度か説明しましたが、退職勧奨をこれから行おうとする際に、あらかじめ会社で確認しておくべきことについても説明します。

（1）有給休暇の残日数

　退職勧奨をしている際に、従業員から「私の有給休暇はあと何日残っていますか？」と質問されることがあります。

　このような質問がある場合、従業員が退職に対して前向きに検討している可能性があります。従業員の立場に立てば、退職するにしても有給休暇を全て消化してから退職したいという気持ちになるのも当然理解できます。

　しかし、会社が有給休暇の残日数を把握していなければ、その場で退職日の確定や退職の合意を得ることができなくなります。後日、また退職に向けた話し合いをしなければなりません。

　そうすると、いったんは退職に向けて前向きになっていた従業員も、時間が経つことで「よく考えましたが、やっぱり

退職の話はなかったことにしてください」と言われる可能性があります。

　したがって、有給休暇の残日数を確認してから退職勧奨に臨むべきです。

（2）会社が希望する退職日

　退職日は、従業員との話し合いで決めることになります。もし会社がすぐにでも退職してもらうことを希望する場合には、従業員から有給休暇の残日数を買い取ってもらいたいという希望が出ることが予想されます。そのような要望が出ることを想定して、会社は、有給休暇の残日数を買い取るか否かを決めておくべきです。

　また、賞与の支給時期が近付いている場合、従業員から、賞与支給後に退職したいという要望が出ることも予想されますので、会社としては、そのような時期での退職でもよいかをあらかじめ検討しておくべきです。もっとも退職勧奨に応じてもらうことが最優先であれば、退職日についてはある程度、従業員の要望も踏まえて柔軟に決めるべきです。

　逆に従業員から、「もう出社しない、あとは全て有給休暇を消化したい」と言ってきたような場合で、少なくとも３日間は実際に出社して引継ぎをしてもらう必要がある場合は、会社の方から、有給休暇を３日間だけ買い取るので３日間だけ引継ぎをしてもらいたいといった提案をすることも検討すべきです。

　なお、有給休暇の買取については義務ではありません。また、退職時に有給休暇の残日数を買い取ることが慣例になってしまうと、毎回、退職従業員から有給休暇の買取を求められる可能性があるので、買取をするか否かは慎重に検討すべきです。

（3）退職金額

　退職金額は、退職するか否かの重要な判断材料になります。退職金額がわからなければ、退職勧奨にも応じてくれないでしょう。

　したがって、退職金額については、退職勧奨前に必ず確認しておくべきです。ただ、退職時期が確定しているわけではないので、いくつかの退職日のパターンを想定して、退職日ごとに試算をしておくのがよいでしょう。

　また、会社規定の退職金のみであれば、金額が少なく、退職勧奨に応じてもらえない可能性が高い場合には、この時点で退職勧奨に応ずることを条件にした特別の退職金の上乗せ等を検討することも必要になってきます。

（4）会社都合か自己都合か

　退職勧奨は、会社からの働きかけに従業員が応ずることで雇用契約が終了する、会社都合退職の一例です。そのため退職理由は、会社都合ということになります。従業員も失業保険との関係で会社都合を希望します。

しかし、会社都合となることで、国から雇用に関する助成金を受給しているような場合、助成金の申請ができなくなったり、助成金が受けられなくなったりすることがあります。したがって、そのような可能性があることを前提に退職勧奨をするか否か、どのタイミングで退職勧奨をすべきかを会社として決めておくことが必要です。

（5）相手の立場に立って考える

　退職勧奨は、解雇とは異なります。解雇は、会社から従業員に対する雇用契約解消に向けた一方的な意思表示ですが、退職勧奨は、退職に向けた会社からの提案です。従業員の同意があってはじめて雇用契約が合意により解消されます。そうすると、従業員が同意できるような条件、タイミングをあらかじめ考えてから実施することが退職勧奨においては非常に重要であり、結果としてトラブルに発展せず、労使関係の円満な解決につながります。

29 求人票と実際の労働条件が異なっても問題ない？

#労働条件　#雇用契約　#不利益変更　#採用

　求人票をみて応募したところ、面接では求人票と異なる労働条件の説明を受けたとします。例えば期間の定めのない正社員の求人に応募したところ有期雇用契約の提案を受けたとか、月給25万円の求人に応募したところ20万円の提案を受けたというような場合です。

　結局、本人はその労働条件で働いているのであるから、有期雇用契約や月給20万円の雇用契約が成立しているのではないか？と思うかもしれません。

　しかし、このような求人票と実際の労働条件の差をめぐるトラブルについては、「求人詐欺」等と表現され、今、問題になっているのです。

　実際に、入社時の労働条件について、ハローワークの求人票記載のとおりであるか、入社1カ月後に取り交わした労働条件通知書の記載のとおりであるかが争われ、求人票記載の労働条件で雇用契約が成立したと認定された事案もあります（平29.3.30京都地裁判決・労働判例ジャーナル64号1頁）。

　会社が労働条件を説明する時期や雇用契約書を取り交わす

タイミングが実は非常に重要なのです。

（1）求人票と雇用契約との関係

　例えば期間の定めのない正社員の求人に応募したところ、会社から有期雇用契約の提案を受けたとか、月給25万円の求人に応募したところ会社から20万円の提案を受けたというような場合を想定してみましょう。

　労働者からしてみると「話が違う」という気持ちになり、会社からすると「会社には採用の自由があり、あくまで求人情報は申し込みの誘因で、雇用契約の内容そのものでは必ずしもない」と考えることから、認識のズレが生じてトラブルになります。

　求人票と異なる労働条件を提示するのであれば、きちんとその理由を説明する必要があります（職業安定法第5条の3）。また令和4年の職安法改正により、求人等に関する情報について、虚偽の表示又は誤解を生じさせる表示をしないよう、求人等に関する情報の的確な表示（職安法第5条の4）が求められます。

　ただ、会社が求人票と異なる提案をすること自体がただちに違法になるわけではありません。しかし、求人票と実際の労働条件の差をめぐるトラブルについては「求人詐欺」等と表現され、問題になることがあります。

　特に労働条件のうち賃金、労働時間、労働日や異動の有無などについては、雇用契約の本質に関わる部分であり、求人

票と異なる労働条件とするならば当事者間で明確に合意をしておくことが求められます。

（2）合意の内容をきちんと書面に残す

① 雇用契約の成立とは

雇用契約も「契約」である以上、当事者双方が契約の内容を理解したうえで合意することが必要です（労働契約法第6条）。

実際に次のようなケースはあり得ないのですが、たとえば、求人票を全く出していない会社が、たまたま会社の前を通りかかった見ず知らずの人に声をかけて「明日から働けますか？」と聞き、声をかけられた人が「わかりました」と言ったとしても、当事者双方が労働条件について全く検討も理解もしていない以上、契約内容が定まったとはいえず雇用契約は成立していないと判断されると思われます。

② 求人票は雇用契約に成り得るか？

では求人票の記載は全く雇用契約の成立に影響しないのでしょうか？

そんなことはありません。㈰で紹介したようなケース（いきなり会社の前で声をかける）はあり得ず、実際には会社は求人情報を出していることが多く、その求人情報において労働条件を記載しています。

このように、通常は雇用契約の内容について何らかの手が

かりがあります。ただ最近はリファラル採用（従業員の知人や紹介）などもあり、必ずしも求人情報を頼りに応募をしてきているとは限りません。

　求人情報には、当然、給与についての記載もあります。したがって、求人情報と異なる労働条件とすることについての会社と求職者との間の合意が成立していなければ、または変更することの合意が成立していたとしても、それを会社が立証できなければ求人情報の内容で雇用契約が成立したと認定される可能性があります。

　実際に入社時の労働条件について、ハローワークの求人票記載のとおりであるか、入社1カ月後に取り交わした労働条件通知書の記載のとおりであるかが争われた事案（平29.3.30 京都地裁判決・労働判例ジャーナル64号1頁）があります。

　具体的には定年の有無、期間の定めの有無が問題になった事案で、裁判所は「求人票は、求人者が労働条件を明示した上で求職者の雇用契約締結の申込みを誘引するもので、求職者は、当然に求職票記載の労働条件が雇用契約の内容となることを前提に雇用契約締結の申込みをするのであるから、求人票記載の労働条件は、当事者間においてこれと異なる別段の合意をするなどの特段の事情のない限り、雇用契約の内容となると解するのが相当である」と述べました。

　求人票の記載がただちに雇用契約の内容になるわけではないものの、当事者間においてこれと異なる別段の合意をきち

んとしていないと（またはそのことを立証できるように書面などで残しておかないと）、求人票記載の労働条件が雇用契約の内容に成り得るということです。

③ 求人票と異なる提案をすること自体は禁止されていない

　ただ、求人票と異なる労働条件を提案すること自体は禁止されていません。その場合にはきちんと求職者がその変更内容を理解できるように説明することが必要です（職安法第5条の3）。

　具体的には、当初の明示と変更された後の内容を対照できる書面を交付する方法や労働条件通知書において、変更された事項に下線を引いたり着色したりする方法や、脚注を付ける方法などにより説明します。

　上記の例でいけば「期間の定めのない正社員の求人に応募があったところ、会社としては正社員の採用条件を満たさないと判断し有期雇用契約の提案をした」とか、「月給25万円の求人に応募があったところ本人の能力や資格からは25万円の提案はできず20万円で提案した」ということ自体がただちに違法ではないということです。

　ただ、もともとそのような条件で採用するつもりが一切ないのにそのような求人を出していると求人詐欺の問題になります。令和4年の職安法改正により、求人等に関する情報について、虚偽の表示又は誤解を生じさせる表示をしないよう、求人等に関する情報の的確な表示（職安法第5条の4）が求

められます。

（3）就労開始前に合意内容を明確にしておく

　もし、求人票と異なる労働条件で合意したとしても、その合意を証明できない場合は、求人票記載の内容で雇用契約が成立したと認定されてしまいます。

　上記の事案（平 29.3.30 京都地裁判決）では、「求人票には雇用期間の定めはなく」雇用期間の始期は平成 26 年 2 月 1 日とされ、面接でもそれらの点について求人票と異なる旨の話はないと認定し、求人票のとおり期間の定めのない契約として成立したものであると判断しました。

　また、定年の定めの有無についても「面接では被告代表者から定年制はまだ決めていないという回答がされたものの、本件求人票には定年制なしと記載されていた上、定年制は、その旨の合意をしない限り労働契約の内容とはならないのであるから、求人票の記載と異なり定年制があることを明確にしないまま採用を通知した以上、定年制のない労働契約が成立したと認めるのが相当である」と判断しました。

　このように会社が想定していないような内容で契約が開始していると認定される可能性があるということです。

　即戦力として採用面接後すぐに勤務してもらう場合、雇用契約書の取り交わしが後手にまわってしまうことがあります。しかし、そうなると本件のように入社時の労働条件が不明確となり、場合によって、労働条件は求人票記載のとおり

であると認定されるリスクが出てきます。

　したがって、すぐに勤務を開始してもらいたい場合であっても、勤務開始前に雇用契約書は取り交わしておくべきです。そして、署名を断りきれなかったという言い訳ができないよう、勤務開始直前ではなく余裕をもって雇用契約書を取り交わすことが望ましいでしょう。

　人手不足から、社内異動で人手不足の部署への異動事例が増えてきました。

　中には異動を頑なに拒否する方も現れるようになりました。今回は、職種変更について述べてみたいと思います。

（1）職種変更が認められないケースは2つ

　職種を限定する合意をしていなければ、職種を変更することは可能です。編集の仕事がやりたくてA出版社に「編集職」として入った社員がいました。ですが会社から「営業が足りないので、営業に行ってくれないか」と言われました。

　その人は、「無理です。求人募集情報には「第二新卒・編集者募集」と書いてありました。その条件で採用された以上は編集職しかやらないということですよね」と拒否しました。

　一方で出版社は、「それは最初の職種は編集ということ。編集以外やらせないとは書いていない。編集専門職とは書いていない。うちは、基本的に自分から辞めたいと言わない限りは、長期雇用は当然の前提なので、営業をやってもらうし、

場合によっては校正だってやってもらう」と主張します。この場合、どちらの主張が正しいのでしょうか?

結論を申し上げますと会社の言い分が正しいと判断される可能性が高いです。

職種変更が認められないケースは2つあります。

1つ目は契約書か就業規則に明記されている場合です。このケースで言えば「編集以外やらせない。編集以外の職種変更はない」と契約書か就業規則に書いてあることです。

2つ目は弁護士、看護師、医師、公認会計士、税理士などの専門資格の場合です。専門性が高い職種の場合は、元々職種限定の雇用契約であると認定される可能性が高いです。

職種間の異動が多い場合は、入社時に説明し、契約書や就業規則に明記しておくべきです。

(2) 裁判所は職種変更を有効と判断する可能性が高い

あるIT企業で「企画営業」として採用した社員は、いつまでたっても仕事を覚えず、営業成績はいつも最下位でした。

最近では営業先とのトラブルも多くなり、会社はこのまま会社の顔である営業を続けられると会社の利益を損うと判断し、この社員を管理部門への配属を命じました。

ところが、社員は「企画営業で入社したのだから転属は契約違反だ。裁判に訴える」と抗議してきました。また、「自分は組合員であるから組合の同意がなければ配転できないし、自分に対する配転は不当労働行為になる」と主張しまし

た。

　組合も団体交渉では「営業職として入社したのであって、職種限定の合意がある」と述べました（組合の担当者も職種限定の合意があるという法律構成に無理があることは理解しているようでした）。

　しかしながら、裁判所は人材の配置については会社の裁量を広く認める傾向があります。日本の裁判所は、解雇の有効性については厳しく解釈しますが、使用者が、いつ、どこで、何の仕事をさせるかについて、広い裁量を認めています。

　したがって組合員であろうがなかろうが、使用者は、人事権・業務命令権を行使することができます。組合員であるから異動、業務内容の変更を命じることはできないということはありません。

　このケースでは、当該社員の営業成績が悪かったこと、過去に逆のケースですが、管理部門から営業部門への配置転換を行った実績があったことから、裁判所が配置転換は有効と判断し、会社勝訴前提の和解を勧告し、和解が成立して終了しました。

　また、組合が団体交渉を申し入れてきた場合は訴訟が進行している場合でも団体交渉に応じる必要があります。団体交渉では配転の必要性について説明します。営業職に不適任であることは具体的な過去の営業数値をもとに説明するべきです。

　私はこれまで配置転換の団体交渉を多数担当してきました

が、組合が配転命令そのものを拒否したことはありません(配転命令に異議をとどめて応じたうえで訴訟を起こすことはあります)。組合も拒否したら解雇になると理解しており、人事権、配置転換権の前には、組合でさえも一応ひとまず応じてしまうのです。

(3) それでも配転を拒否し続けたらどうするべきか

正式に営業部門から管理部門への配置転換を命じられたにもかかわらず、それでも拒否し続けたらどうなるのでしょうか。

配転予定日に、この社員に営業の仕事に就労させないようにします。本人が無理矢理出社して、営業の仕事をしようとしたら、自宅待機を命じます。その際の賃金は100パーセント会社が負担してください。

その上で、会社は社員と面談をもちます。労働組合に加入している場合、社員は、面談を拒否し、団体交渉で話したいと言うかもしれません。その場合は団体交渉を開催し、配転に応じるよう説得します。管理部門で当該社員を必要としていること、管理部門で教育研修を行い戦力として働いてもらうことを期待していることを述べます。

何度団体交渉を開催しても社員が配転に応じない場合は、普通解雇、懲戒事由によっては懲戒解雇を行うことになりますが、実際は先程も申し上げたとおり、ひとまず配置転換に応じ、その後争われることが多いです。

31 指示した業務が嫌がらせだと言われたら？

#パワハラ　#配置転換　#注意指導

　能力不足や勤務態度が不良の従業員がいて、取引先からのクレームや同僚とのトラブルが絶えなかったとしましょう。

　会社としては、雇用を維持するため、なんとかその従業員に適した業務を考えて指示していました。しかし、そのたびに問題を起こすため、結局、与えることのできる業務は、取引先と直接関わらない業務や、簡単な業務に限定され、また、どの部署もこの従業員に来てもらっては困る…と言って受け入れを拒否されてしまいました。

　会社としては、指示する業務がないため、普段はパート従業員に指示している業務を、給与は変えないでこの従業員に指示していました。そんなある日、その従業員が会社に対してこう言ってきました。

　「こんなパートみたいな仕事をさせて…、嫌がらせです！」

　会社としては、そんなことを言う前に真面目に業務に取り組んでもらいたい、と言いたいところですが、実際にはどう対応すればよいでしょうか？

(1) やってはいけないこと①

　何も説明しないで、そのまま仕事をさせること—

　従業員から「嫌がらせではないか」と疑われている以上、会社は、嫌がらせではないと、はっきり答えるべきです。

　なぜなら、業務上の合理性なく、能力や経験とはかけはなれた程度の低い仕事をさせることは、「過小な要求」型のパワーハラスメントに該当する可能性があるからです。例えば、ドライバーとして採用した従業員に対して、トラックに乗せずにずっと草むしりや掃除ばかりさせるような場合です。

　このような場合、業務上の合理性や必要性があるかが問題になります。会社として、業務上の合理性や必要性があるのであれば、そのことをきちんと説明すべきです。説明をしないと、その従業員からしてみると、やっぱり会社は嫌がらせをしている、と誤解してしまいます。

(2) やってはいけないこと②

　「みんなが拒否して受け入れ先がない」とは言わない—

　心情的にも、また実際にもそのような実態があり、そう言いたいところではありますが、これは言わない方がよいです。

　まず、みんなが受け入れを拒否しているということ自体が、いじめではないかと疑われます。

　また、そもそも従業員は、「誰と働きたい」、「誰と働きたくない」ということを選択できる立場にはありません。誰とであろうと、みんなで協力して業務を遂行することが求めら

れています。また、各部署の部長は、このような問題社員であっても受け入れてマネジメントするのが本来の業務の一つでもあるはずです。

したがって、「受け入れを拒否するような従業員の方こそ、会社が教育指導すべきだ」という反論があり得るのです。

そのため、みんなが拒否して受け入れ先がない、という回答はすべきではありません。

（3）配置転換の理由を説明することが重要

配置転換の際、従業員に対して本当の理由を告げず、「他の部署の人手が足りない」とか、「あなたは能力があるのでぜひあちらの仕事を手伝ってもらいたい」などと当たり障りのない理由を告げて配置転換を説得するケースがありますが、それは望ましくありません。

配置転換をせざるを得ない理由を説明しておかないと、与える仕事がなくなってから、「実は、配置転換の理由は、取引先からクレームがあったからである」もしくは「元の職場でトラブルがあったからである」と告げても、従業員からは、「そんな理由は聞いていない」、「能力を買われての配置転換だった」と反論されてしまいます。そうすると、会社はその後の対応が難しくなります。やはり、このままの勤務態度ではダメであることを伝え、奮起・改善の機会を与えるべきです。

(4) 会社の見解をきちんと伝える

　嫌がらせではないこと、どんな業務であっても真面目に取り組んでほしいこと等、下記のような会社のメッセージをきちんと伝えておくべきでしょう。

【文書例】

　貴殿から、「パートみたいな仕事をさせて、嫌がらせである」との主張がありますが、それは誤りです。この仕事は貴殿以外の正社員の従業員にもやってもらっている仕事です。したがって嫌がらせではありません。

　また、貴殿の勤務態度について、これまで何度も注意指導してきましたが、改善が見られません。会社としても貴殿の適性を見出すために様々な仕事を指示していますが、会社の規模などを踏まえると限界があります。

　まずは会社が指示した仕事を真面目に取り組んでください。その仕事の遂行状況や仕事に取り組む姿勢を見て、今後も業務指示を行っていきます。

以上

　パワーハラスメント（パワハラ）が問題になってだいぶ時間が経過しておりますが、パワハラは無くなるどころか増加する気配すらあります。パワハラ問題の背景にあるものについて述べたいと思います。

（1）パワハラ上司に自覚がない

　パワハラの社内研修を行ったことがありました。

　顧問先企業の人事総務部からの依頼で、「顧問先企業の研修の目的はパワハラ予防に主眼がありますが、実は当社としてマークしている人物が2名おります。1名は営業部長、もう1名は開発部長です。いずれも仕事はできるのですが、部下への当たりは強く、複数の部下がメンタルヘルスに不調を来しております。できれば、今回のセミナーでこの2名に自覚を促したいと考えております。よろしくお願いします」という具体的な依頼内容でした。

　私は事前にこの対象となる2名がどこに座っているかを教えてもらい、講演に臨みました。私の講演がつまらなかった

のかもしれませんが、この2名は講演中興味なさそうに私の話を聞いていました。講演が終わり、質問を受け付けると、問題の営業部長が手を挙げました。私は「質問をしてくれるということは、今日の話を聞いてくれていたのか。良かった」と嬉しくなりましたが、すぐに落胆しました。営業部長は「私は、部下から逆パワハラを受けています。逆パワハラも違法行為ですよね?」と聞いてきたのです。

　私は驚きました。この方は加害者であることの自覚がないだけではなく、自分は被害者であると考えているのです。あまりにも周りの評価とご本人の自己評価が違いすぎて驚いたことがありました。

　パワハラ研修を行っても、このような方には意味が無く、まずは自覚を促す、もしくはあなたはパワハラをしている可能性がありますよ、と指摘する必要があります。

(2) 経営者が事実上黙認する

　パワハラ加害者に当たる方が自らのパワハラ行為に自覚がないのであれば、パワハラを予防するためにはパワハラ加害者に対して「あなたの行っている行為はパワハラに当たりますよ。気をつけてください」と言えばパワハラ問題は解決しそうな問題に思えます。事はそう簡単ではありません。

　私のこれまでの経験からしますと、パワハラ加害者と言われている方は、実は経営者の信頼が厚く、ある程度業績を挙げている方も多いです。経営者からすれば、業績で結果を出

し、叱責や厳しい指導をしてくれる優秀な管理職と映るのか
もしれません。

　そのため、経営者は何となくパワハラが問題になりそうな
上司であっても、問題が起きるまで放置していることが多い
のです。

（3）価値観に関わるため再発する

　パワハラ問題は上司と部下の価値観のズレの問題とも言え
ます。

　例えば、ある部下が、上司である営業課長が設定した業績
目標に対して業績未達になったとします。

　多くのパワハラ加害者の方は「業績未達なのは部下の努力
が足りないからだ」、「厳しく怒鳴りつけて徹底的に自覚させ
ないといけない」と考えている場合が多いと思います。この
ような方の価値観は右肩上がりの経済成長の中で培われてい
る場合が多く、過去に上司の方の上司の世代の方から受けた
指導教育が厳しいものであったことも影響しています。

　一方、パワハラ被害者の方は、20代、30代前半が多く、
産まれた時には日本の高度経済成長やバブル景気は終わって
おり、むしろ就職氷河期やデフレ経済を経験している場合が
多いのです。このような方からすれば「むやみに顧客訪問や
営業電話をして業績があがるものではない」という前提があ
りまして、上司と部下で背景にある価値観が全く噛み合いま
せん。そのため、双方が自分が正しいと主張し、泥沼のパワ

ハラ問題に発展してしまいます。パワハラ問題は自分の価値観や人生観も関わる問題でもあるのです。

　どちらが正しいというわけではなく、上司が部下に自分の価値観を押し付けるのは難しい時代になってきており、時にはそれがパワハラに当たりうることを認識してもらわないとパワハラ問題の根本的な解決には繋がりません。

（4）上司への恨み

　パワハラでよくあるのは、「自分のことを不当に評価している」など上司を憎んでいるケースです。場合によっては、嘘を言って上司を陥れようとする人がいます。

　こんな例がありました。社員Aは「飲み会で上司からお腹を殴られました」と訴えました。ところが上司Bは「肩を叩いたことはあるが、殴っていない」と言います。社員Aはそれでも「飲み会でお腹を殴られました」と言います。

　飲み会ですから周りで見ていた人がいるはずなので、周りにいたという人に聞くと、よく知らないというわけです。

　ですが、そのうちに良心の呵責に耐えかねた社員が出てきて、「実は私、被害を受けた社員Aから口止めされている」と言ってきたのです。社員Aは「自分はお腹を殴られたということにしたいから、黙っておいてくれ。見たとか見ないとか言わないでくれ」というメールを何人かの社員に送っていたのです。

　社員Aは、Bが上司であることは耐えられないから、パワ

ハラで追い出したいと考えて、周りを巻き込んで自作自演したのです。

　そのようなことが実際にあるので、パワハラの場合も背後の事情を相当注意深く調査しないと、誤った判断をしかねません。

（1）パワハラ問題が派閥問題を引き起こす

パワハラを行っている上司（パワハラ上司）には仕事で実績を挙げている人が多いということは **32** で申し上げました。そのため、経営者からの信頼が厚い場合も多いです。しかし、社内で力があるということはそれに反発する勢力がいる場合も多く、パワハラ問題がきっかけに今まで黙っていたパワハラ上司に敵対する勢力が、派閥抗争を引き起こすことがあります。

具体的には、パワハラ問題について、パワハラ上司の降格・懲戒処分に関与して、パワハラ上司の追い落としを図るような事例もあります。その結果、幹部が退職するなどして経営が不安定になることもあり、パワハラ問題は経営問題に発展するのです。

私にご相談いただく案件についても、相談者の方がパワハラ上司の方について非常に重い処分を希望する場合があります。すでにあらかじめ結論が決まっているかのようなご相談を受けることがあります。このような場合は背後に権力闘争

があることが多く、私もその権力闘争に巻き込まれかねない
ような案件もあります。

（2）パワハラ問題により上司の人生が狂ってしまう

　パワハラ上司はパワハラの自覚がなく、パワハラ上司の価
値観とパワハラは密接に関連しています。そのためパワハラ
問題により、懲戒処分・人事異動がなされてしまうと今まで
の人生を否定されたような気分になり、精神疾患になる上司
の方もいらっしゃいます。

　以前相談を受けた事案では、パワハラ上司はパワハラ問題
が表面化した後は、精神安定剤を飲まないと眠れなくなった
とヒアリングで答えていました。

　またパワハラ問題により、人事異動や懲戒処分が無効であ
るとして、会社を訴える方もいらっしゃいます。パワハラ問
題はパワハラ上司の価値観に密接に関わることから、自分が
正しいとして、パワハラ上司が会社を訴えてしまうのです。

　また、少なくともその会社ではパワハラ上司の方が会社内
で再度昇進する可能性は極めて低くなり、退職に追い込まれ
てしまうケースもあります。

　せっかくの有能な人材を会社は失ってしまうことにもなり
ますし、パワハラ問題により上司の方の人生が狂ってしまう
のです。

（3）パワハラ問題により部下の指導に二の足を踏んでしまう

　上司がパワハラ問題により処分されてしまえば、他の管理職にも影響が出てきます。必要かつ相当な範囲での指導であればパワハラにはならないのですが、どうしてもパワハラ問題で処分される事例が出てくると、上司も萎縮してしまい必要な指導も出来なくなってしまいます。これは会社にとって大きな損失となります。

　また、管理職になりたくないという若手社員が増える原因にもなります。そのためパワハラ問題は将来の経営にまで影響を及ぼすことになります。

（4）パワハラ問題により大量の退職者が出てしまう

　パワハラ問題により大量の退職者が出てしまうことがあります。

　特に、若手社員はパワハラを我慢することなく、躊躇なく退職してしまいます。現在人手不足が深刻化しており、大量の退職者が出てしまえば業種業界によっては会社の経営に重大な支障が生じてしまう場合があります。

　以前、外食産業のお客様の事案で店長のパワハラが酷く、アルバイト従業員がそれに反発して一斉に退職したため、店舗を営業停止せざるを得なくなってしまったことがありました。営業停止により被った損害は少なくとも数百万円に上ったと思われます。パワハラ問題により経営が立ち行かなくな

る場合もあるのです。

（5）パワハラ問題により採用ができなくなる

　パワハラ問題により退職した方が、採用関連のインターネット上の掲示板に書き込みをすることがあります。掲示板の書き込みを見た方が、パワハラが行われている会社に応募しようとするケースは少なく、パワハラ問題がきっかけに採用にも支障が生じてしまうことがあります。

　採用広告を出しても採用が思わしくないことから、原因を調べたところ、あるインターネット上の掲示板にパワハラ問題に書き込みがあり、それ以降採用に応募する件数が激減していることが分かりました。パワハラ問題は採用にも影響が出てしまうのです。

　企業は人で成り立っており、人材を採用できなければ、経営に重大な影響を及ぼします。

（6）パワハラ問題は経営トップが解決をしなければならない

　パワハラという言葉が出始めた当初は、私もここまでの問題に発展するとは思いませんでしたが、上記のとおり、パワハラ問題は経営問題であり、かつパワハラ上司は部下や同僚も声を上げづらいため、パワハラ上司の上司、もしくは経営トップが解決をしなければならない問題です。

34 「副業・兼業」は原則容認なのか？

#副業・兼業　#就業規則　#割増賃金　#長時間労働　#労働災害

（1）これまでの副業・兼業問題

　副業・兼業の問題といえば、以前は、「会社に内緒で副業をしている従業員がいるので就業規則違反で辞めさせられないか？」という相談が多くありました。

　労働基準法は副業・兼業について、禁止するとも、自由であるとも定めていません。副業・兼業は、本来は業務を離れた私生活上の領域での問題です。副業・兼業を含め、休みの日に何をしていようと会社に干渉されないというのが前提にあります。

　もっとも多くの企業が、副業・兼業については、就業規則において原則禁止だが、許可を得た場合には特別に認めるという取り扱いをしています。

　新型コロナウイルス感染拡大の影響により本業での時間外労働が減ったことから、原則禁止の会社においても、生活への配慮や優秀な人材の流出を避けるために期間限定で副業・兼業を許可するケースも見られるようになりました。

　このように就業規則において、副業・兼業を禁止すること

については、裁判所もその合理性を認めています（小川建設事件／昭 57.11.19 東京地裁決定）。

（2）副業・兼業の容認

　もっとも平成 30 年 1 月に「副業・兼業の促進に関するガイドライン」（令和 4 年 7 月改定が最新）と「モデル就業規則」（令和 4 年 11 月版が最新）が厚生労働省から正式に発表され、ガイドラインは「裁判例を踏まえれば、原則、副業・兼業を認める方向とすることが適当である。副業・兼業を禁止、一律許可制にしている企業は、副業・兼業が自社での業務に支障をもたらすものかどうかを今一度精査したうえで、そのような事情がなければ、労働時間以外の時間については、労働者の希望に応じて、原則、副業・兼業を認める方向で検討することが求められる」として、基本的に、副業・兼業を認めることを推奨しています。

（副業・兼業）
第 70 条 労働者は、勤務時間外において、他の会社等の業務に従事することができる。
2　会社は、労働者からの前項の業務に従事する旨の届出に基づき、当該労働者が当該業務に従事することにより次の各号のいずれかに該当する場合には、これを禁止又は制限することができる。

①労務提供上の支障がある場合

②企業秘密が漏洩する場合

③会社の名誉や信用を損なう行為や、信頼関係を破壊する行為がある場合

④競業により、企業の利益を害する場合

「モデル就業規則（令和 4 年 11 月版）」より

　ただ、このモデル就業規則は、副業・兼業を原則容認で、例外的に認めない場合を会社側が立証しなければならない構造になっています。また、副業・兼業を制限できる場合も限定列挙になっており、これらに該当しない場合は基本的に副業・兼業を認めなければならない規定になっています。

　このままの規定では副業・兼業をめぐってトラブルに発展する可能性もあります。したがって、就業規則とは別に、あらかじめ副業兼業規程を定め、労使双方で共通認識を持つことが重要です。

　以下は私が考える副業兼業規程のひな型です。

（社員の副業）

第 1 条　社員が就業時間外に副業（他社での就労、役員就任、自営、業務委託、請負を含む。以下「副業」という）を行う場合は、事前に会社に届け出て、許可を得なければならない。無許可の副業はこれを禁止する。

（副業先について）

第2条　同業他社および賭博業・風俗業等、当社社員として相応しくない副業はこれを禁止する。

（副業許可申請書兼誓約書）

第3条　社員が副業を行う場合は、副業を行う2週間までに、副業許可申請書兼誓約書、その他会社の指定する必要書類を会社に提出し、許可を受けなければならない。

（副業の許可）

第4条　社員が提出した副業許可申請書兼誓約書及び下記の事情を勘案し、副業の可否を判断する。副業を許可した場合でも、下記のいずれかに該当する事情が発覚した場合は許可内容を変更し又は許可を取り消す。

（1）長時間労働や過重労働によって健康を害するおそれがある場合

（2）現に健康を害している疑いがある場合

（3）深夜業等、体調管理の維持が困難と考えられる場合

（4）本業の労務提供が質的、量的に不完全になる場合

（5）会社の繁忙期等、業務運営に支障をきたす場合

（6）過去に副業によって労務提供上の支障を来したことがある場合

（7）副業のルールに従わない場合

（8）競業関係に立つ場合及び競業関係に立つ場合と
同視できる場合

（9）副業等予定先への転職が決まっている若しくは
転職が疑われる場合

（10）情報漏洩の危険がある場合

（11）副業等によって、会社に不利益を与える場合

（12）本業との関係で社会的信用を低下させる業種、
業務の場合

（13）その他、副業を許可すべきでない事情がある場
合

（副業の条件）

第5条　会社は、副業を許可するにあたり、副業の上限
時間の設定、副業の業務内容の限定、副業を実施する
曜日や時期の限定その他必要な条件を定めることがあ
る。

（紛争対応）

第6条　社員は、会社が副業を許可しなかったことで、
社員と副業予定先との間で問題が生じた場合でも、社
員が責任をもってその対応にあたる。

（遵守事項）

第7条　社員は、副業を許可された場合でも、下記を遵
守しなければならない。

（1）就業時間中には副業を行わず、本業をおろそかにしないこと

（2）副業による健康被害が生じないよう自己の健康を保持すること

（3）会社が保有する情報その他職務上知り得た機密について、副業先に漏洩、使用等しないこと

（4）副業に関する事項を含む会社の就業規則その他の規定を遵守すること

（5）副業先の配置や勤務場所の変更等、申請内容や業務内容に変更があった場合には３日以内に会社に書面で報告すること

（6）副業そのものを変更する場合はあらためて許可申請書を提出して許可を得ること

（7）月に１回、労働日、労働時間、賃金等の就労状況を報告すること。報告にあたってはタイムカード、給与明細等就労状況が分かる資料を添付すること。

（8）会社から、副業先の労働日、労働時間その他の就労状況等について報告を求められたときはいつでも速やかにこれに応ずること

（9）会社は必要に応じて副業先に問い合わせることとし、社員は問い合わせに同意し、協力すること

　　（10）副業先において、会社に損害を与えるような言
　　　　　動の一切を行わないこと
（有効期間）
第8条　許可の有効期間は許可日から1年間とし、許可
　　の更新を求める場合、社員は、許可期間満了1カ月前
　　までに、あらためて会社に副業許可申請書兼誓約書を
　　提出し許可を得なければならない。
（本規定に違反する副業による懲戒）
第9条　社員が本規定に違反する副業を行った場合は、
　　第●条に定める懲戒に処す。

（3）克服すべき法的課題

　副業・兼業については、時間外労働割増賃金、労働時間管
理、長時間労働と安全配慮義務、情報漏えい、誠実労働義務
など克服すべき法的課題が様々あります。

　例えば、労働時間の通算の問題（どの使用者が割増賃金を
支払わなければならないのかという問題）は、副業・兼業を
するうえで非常に重要な問題です。

　ガイドラインは、労基法第38条第1項「事業場を異にす
る場合においても、労働時間に関する規定の適用については
通算する」という規定における「事業場を異にする」の解釈
について、「同一事業主の異なる事業場で労働する場合だけ
でなく事業主を異にする場合も含まれる」（昭23.5.14　基

発769号）という立場を取っています。実際にどのような場合に、どの使用者に割増賃金支払い義務があるのかという点については、厚生労働省が「副業・兼業の促進に関するガイドラインQ＆A」にて例を挙げて説明されていますが、様々なパターンがあり複雑です。

　次に、副業・兼業による長時間労働とそれに対する安全配慮義務の問題です。ガイドラインは「労働契約法第5条において、『使用者は、労働契約に伴い、労働者がその生命、身体等の安全を確保しつつ労働することができるよう、必要な配慮をするものとする。』とされており（安全配慮義務）、副業・兼業の場合には、副業・兼業を行う労働者を使用する全ての使用者が安全配慮義務を負っている。副業・兼業に関して問題となり得る場合としては、使用者が、労働者の全体としての業務量・時間が過重であることを把握しながら、何らの配慮をしないまま、労働者の健康に支障が生ずるに至った場合等が考えられる」としており、使用者に安全配慮義務があることを前提としています。すなわち会社として副業・兼業を容認する以上、労働者の全体としての業務量・時間の把握が求められることになります。

　このように、副業・兼業については原則容認傾向にあるものの、各社において、副業・兼業によるリスクがないかどうかを十分に吟味したうえで認めるかどうかを判断する必要があります。

35 人手不足時代で増加する！「炎上」労務トラブル

#炎上　#労使紛争　#採用　#労働組合　#和解

（1）対処を間違えて炎上をした労務トラブルの実例

　Y社は従業員約100名で運送業を営んでおります。Y社は人手不足に悩んでいたところ、思いがけず20代の若者のXさんを採用することができました。

　ところが、Xさんは運送業の経験が浅かったこともあるためか、物損事故をすぐに起こしてしまいました。Y社のこれまでのルールでは、物損事故については5万円の限度内で実際の損害額を給与から天引きする形で従業員が負担していました。Y社はこれまでのルール通り5万円をXさんの給料から天引きしました。

　これに対してXさんは、「これは労基法違反ではないか」と言い、会社に抗議し、労基署にも通知しました。Y社では、Xさんのように労基法違反を主張する従業員はこれまでいませんでした。Y社は、試用期間中に物損事故が多かったことを理由にXさんを解雇しました。

　Xさんは、外部の労働組合に加入をして解雇撤回を求めました。慌てたY社は、すぐに解雇撤回をして、Xさんを清掃・

草むしり係に配転しました。外部の労働組合はこれに激怒して、街宣活動やSNSを使い抗議活動を行いました。

　Y社も団体交渉を拒否するなどしてこれに対抗することで、ますます労使紛争は炎上をすることになりました。

　その結果、Y社の求人には約2年間ほとんど応募が無くなり、売上は徐々に下降していき、業績も赤字になってしまいました。

　最終的にはY社は、多額の金銭を支払い、和解をすることになりました。

（2）炎上がなぜ怖いか

① SNSにより炎上しやすい環境に

　SNSは拡散しやすいため、一度話題に上ると、あっという間に多くの人が目にすることになります。特に労働問題は多くの方に関心があり、かつインターネットメディアも取り上げることがあり、またたくまに拡散してしまいます。

　その反響は凄まじく、SNSで炎上すると会社に抗議の電話がかかってきたり、会社のHPを通して匿名の嫌がらせメールが届いたりします。

② 求人にほとんど応募が無くなる・内定辞退が増える

　最近は、求人に応募する前に「会社名＋ブラック」で検索をすることが当たり前になっております。労働紛争が起きると、何らかの形で「ブラック企業」と会社を批判して、ブロ

グや SNS に記載するため、「会社名＋ブラック」で検索すると容易に記事を探すことが可能となります。

　現在の求職者は労働紛争が起きている会社を極端に避ける傾向があり、ブログや SNS の内容を事実であると信じてしまうようです。

　そのため、（１）の実例では、求人にほとんど応募が無くなったりします。内定辞退も増えます。特に新卒採用では顕著で、ブログや SNS で労使紛争の記事を見て内定辞退が急激に増えることがありました。

　人手不足の現在、求人にほとんど応募が無くなれば、会社の経営に重大な影響を及ぼすことになります。

③ 一部の在籍従業員が動揺する

　労働紛争になっても、直接労働紛争に関係の無い従業員は冷静に対応することが多いのですが、炎上をしてしまうと、一部従業員が労働紛争に嫌気が差して退職をしたりしてしまうことがあります。会社がいくら説明をしても退職の決意が固いことが多く、在籍従業員の退職は会社の経営に影響を与えることになります。

④ ネット上の痕跡はなかなか消えない

　インターネット上の記載を消すことはなかなか難しいです。特に労働組合のブログや SNS は検索エンジン上では上位表示されることが多く、一部の企業は逆 SEO と言って、

自社に不都合な内容が記載されているブログやSNSの順位を下げるためにSEO対策をすることがあります。

　名誉を毀損するような内容であれば訴訟等を通じて削除を求めることは理論的に可能ですが、手間もかかりますし、労働組合活動としての表現の自由が尊重されるため、削除が認められない可能性があります。

　現在は、ささいな書き込みでも容易に検索をすることが可能であり、インターネット上の痕跡はなかなか消えないことに留意するべきです。

（3）なぜ炎上するのか

① 炎上は防御反応の表れ

　炎上をしている場面を見ると、従業員が会社を攻撃していると思うかもしれませんが、実際は、多くの場合、従業員は会社から自分を守るために行動しているにすぎません。炎上は会社からの攻撃に対する防御反応であることが多いのです。

②「排除」、「隔離」、「無視」は炎上を招く

　では、会社は、従業員をどのように攻撃しているのでしょうか？　会社が従業員に暴言を吐いたりして攻撃しているのでしょうか？

　そのような事例は少数です。

　愛情の反対語は憎悪ではなく無視・無関心と言われていま

す。会社が従業員を疎ましく思い、「排除」、「隔離」、「無視」を無意識のうちに行っているのです。

　「排除」、「隔離」、「無視」は無視・無関心の表れであり、従業員は会社が自分を攻撃していると感じることが多いと思われます。

36 炎上しないための心構え！

#炎上　#労使紛争　#人事異動　#労働組合　#訴訟

35 で挙げたトラブル事例を踏まえて、炎上しないためにどのような点に気をつければ良かったのか、炎上しないための心構えを述べたいと思います。

（1）「隔離」、「排除」の動機・目的は相手にばれる

トラブル事例では、あからさまにXさんを「隔離」、「排除」をしようとしていますが、多くの事例はそれなりに会社の目的や理由を整えて異動を行います。しかし、実際は従業員を隔離や排除をするための異動もあります。

ところが、このような動機・目的は、相手や裁判所や社会にばれてしまいます。

私がこれまで多数の労働事件に関与した経験でいうと、どれだけ取り繕っても、全体の流れや、もしくは本音が分かる証拠等が出てきて結局動機・目的はばれてしまいます。

この自覚があれば、それほど炎上するような行動を起こすことはないのですが、多くの会社が「当社の方針はばれない」と思っているため、相手の神経を逆なでするような行動

を行ってしまうのです。「隔離」、「排除」の動機・目的は相手にばれてしまう。これを自覚することが重要となります。

（2）隔離・排除は本気の怒りを呼ぶ

　トラブル事例では、Y社はXさんに清掃・草むしりを行わせています。Y社の意図は「清掃・草むしりをさせておけば、音を上げて退職するだろう」とのことだと思いますが、多くの場合は逆効果になります。

　むしろXさんは「ここまで屈辱的な仕打ちを受けた以上徹底的に抵抗して、会社に打撃を与えてやる」と思うでしょう。

　「北風と太陽」という童話では、北風は旅人のコートを脱がすために強くて冷たい風を吹き付けましたが、むしろ旅人が寒さのためコートを着込むことになってしまい逆効果に終わってしまいました。それと同じことを多くの会社が行っているのです。

（3）街宣活動やSNSに過剰反応しない

　街宣活動やSNSでの批判に免疫がある会社はほとんどありません。このような場合の最善策は「相手にしない」、「過剰反応しない」ことです。どうしてかというと、実は多くの方は街宣活動やSNSでの批判そのものに関心はありません。なぜなら、駅前等の人の集まる場所やインターネットの世界ではよく見かける内容だからです。

ところが、街宣活動やSNSに会社が反論をし始めると余計炎上する可能性が高まります。批判されている相手方の会社が登場することで物語性が増し、俄然面白くなるからです。一番良いのは街宣活動やSNSに反応をしないことが重要となります。

（4）逃避はさらなる炎上を呼ぶ

　トラブル事例では、Y社は団体交渉を拒否しています。Y社は「団体交渉なんてやっても無駄だ。これで労働組合も参ってしまうだろう」と思うかもしれませんが、実際は労働組合は「とんでもない会社だ。労働組合の沽券に関わる問題だ。徹底的にやろう」と思い、全くの逆効果になります。

　Y社は団体交渉の拒否が戦略だと思っているかもしれませんが、単なる逃避であり事態をさらに悪化する可能性が高まるのです。

（5）早期解決の重要性

　従来型の労働問題はこじれると解決までに非常に時間がかかりました。1年どころか2年もかかることはざらでした。

　しかし、現在は労働組合や労働者側の情報発信手段がインターネットに移っており、時間がかかればかかるほど会社のダメージがひどくなります。従来型の訴訟や労働委員会の手続きに入ったとしても、紛争の早期解決のための話し合いを続ける必要があります。

37 従業員のSNS動画投稿問題への
対応をどうすべきか？

#炎上　#懲戒処分　#解雇　#求償　#教育・研修

【トラブル事例】

　当社は飲食店を経営していますが、アルバイト従業員が、ツイッターに、当社の食材や調理器具を使用した悪ふざけ動画を投稿し、それをご覧になったお客様から「これはおたくのお店ではないか？」と指摘を受けました。まだ報道されたり、拡散したりはしていないようですが、連日、報道されている通称「バイトテロ」のような事態にならないか心配しています。当社としては、どのようなことを考えなければならないでしょうか？

（1）懲戒処分について

　事実関係を確認したうえで、自社のアルバイト従業員によるものであると判明した場合は、その動画投稿を止めさせたうえで（会社としては証拠として保存したうえで）、悪ふざけをした本人やそれを撮影した従業員に対する懲戒処分を検討することになります。

　懲戒処分を行うためには、就業規則が周知され、かつその就業規則の懲戒処分事由に該当する必要があります。会社に

よっては SNS 利用規定があり、その利用規定違反や、そのような規定がなくとも故意や重過失により会社の信用を損なわせたり損害を与えるような言動をしたりしてはならないなどの服務規律に違反したという構成が考えられます。

　なお就業規則は、あくまで従業員が会社で勤務するうえで必要な規律等を定めるものであり、業務を離れたプライベートまで規律できるものではありません。したがって、ツイッター等についても、私生活で行う限りであれば基本的には自由であり、不適切な動画を投稿するのではなく、休憩時間や業務終了後にツイッターを見たり、投稿したりすること自体を直ちに規律違反として懲戒処分の対象にするのは避けるべきです。

　もっとも、SNS 利用規定とは別に、例えば会社の制服を着たまま撮影することや、職場内を背景にして撮影をすること、会社の備品を利用して撮影することを禁止することはできると考えます。会社は、職場の施設や所有物に関する管理権を有しています。不適切動画の撮影投稿を未然に防ぐ目的、それ以外にも防犯上の問題、営業上の秘密の問題、お客などの第三者が映り込む問題などの様々なリスクを回避する必要から、そのような撮影を禁止することは可能と考えます。

　そして、設例のような飲食店において、食品を粗末に扱ったり、不衛生に扱ったりしている動画が投稿され、その動画が拡散したり、マスコミに取り上げられたり、お店に通うお客が動画を見ることによって、社会的信用を失い、売上の減

少などの経済的損失を会社が被ることになれば、厳しい懲戒処分の対象になるでしょう。仮に報道がなされていなくても、お客からそのような指摘を受け、拡散の潜在的リスクがある以上は、処分が直ちに軽くなるものではないと考えます。

また撮影している者が別にいて、その者も従業員だったとすれば、その従業員についても、悪ふざけをした従業員と共同して、会社の社会的信用を失わせ、会社に損害を与える行為を行っているという認定ができるため、悪ふざけをした者と同様に厳しい処分の対象になると思われます。

（2）懲戒処分だけでは済まない

アルバイト従業員によっては、会社から懲戒解雇されることを覚悟のうえで、このような悪ふざけに及んでいることすらあります。

しかし、SNS動画投稿問題は、解雇などの雇用契約上の問題にとどまらず、会社に生じた民事上の損害賠償の問題や、刑事上の問題に発展する可能性があります。

特に解雇を承知でやっているような場合は、従業員自身が解雇されてもやむを得ない行為であることを認識しながら行っており、その結果、会社に損害が生じている以上、不法行為の損害賠償責任（民法第709条）を負う可能性があります。不適切な動画投稿は、「うっかり」、「間違えて」ではなく、故意で悪ふざけをしている点で、アルバイト従業員が業務中に誤ってお皿を割ってしまうような場面とは全く異な

ります。

　また、撮影した従業員も、悪ふざけをした従業員と連帯して損害賠償の責任を負う可能性があります（民法第719条第1項前段、共同不法行為）。

　刑事上も、状況によっては、威力業務妨害罪、名誉毀損罪、器物損壊罪などが成立する可能性もあります。

　アルバイト従業員も、劣悪な職場環境の実態を社会に知らせたいという動機があったりするのかもしれませんが、だからといって食品を不衛生に扱ったり、それを撮影して投稿することが正当化されるものではありません。

　会社を辞めるだけでは済まないのがこのSNS動画投稿問題です。

（3）SNSに関する教育が必要

　連日、不適切動画に関する報道がなされているにも関わらず、それでもなおこの問題がなくならないのは、それだけSNSが生活の中に取り込まれ、身近な存在になり、このような投稿をすることに対する抵抗が生まれにくい状況にあるからだと思われます。

　社会問題化したことで、不適切動画に対する意識は徐々に変わってくるのかもしれませんが、会社としても、SNSの取り扱いについて入社時に説明して誓約書にサインをもらう、入社時教育を行う、在職中の従業員に対しても同様の教育を行うなど、できる限りのことはすべきです。このような教育

をすることで、不適切動画の投稿を防ぐことはもとより、万が一、不適切動画投稿の問題が生じた場合に、従業員に「知りませんでした」、「そんなつもりはありませんでした」という言い訳を許さないことができます。

（4）個別の事案ごとに考える

このようないわゆる「バイトテロ」については、厳しい処分はやむを得ないという風潮ではありますが、処分の程度や法的措置については、個別の事案ごとの検討を必ずすべきです。

当然のことながら、解雇に当たっては、客観的合理的理由があることや、社会通念上相当といえることが必要になります。

投稿動画の内容を吟味し、悪質性、拡散の程度、会社へ与えた影響や損害の程度、そのような行為に至った目的、反省の程度、過去の処分歴、動画内容と業務内容との関連性など、あらゆる角度からの検討が必要となります。

トラブル事例のように、飲食店において、食材や調理器具を用いて不衛生な動画を投稿したということであれば、報道や拡散が進んでいないとしても、お客様から指摘を受けている時点で、信用低下を招いていることは事実であり、拡散する潜在的リスクがある以上は、厳しい処分を検討する場面であると言えます。

従業員から
うつ病の診断書が出てきたら！？

#怪我・病気 #休職 #引継ぎ

【トラブル事例】

　先週金曜日まで遅刻欠勤もなく元気そうに働いていた従業員が、翌週月曜の朝、突然、社長のところにやってきて、「心療内科を受診したら、うつ病と診断され、1カ月の自宅療養が必要とのことでした。しばらく休ませてください」と言ってきました。診断書には、「職場環境が原因」との記載も。社長としては、本当にうつ病なのか、また本当に職場環境が原因なのか疑問があります。この場合、社長としてどのように返事をすればよいでしょうか？

＜選択肢＞

①診断書を書いた医者に会って確認したい。
　それまで休むことは認めない。

②先週まで元気だったじゃないか？　大丈夫だろう。
　だから休むことは認めない。

③えっウソだろ？　本当か？　気のせいじゃないか？　と疑う。

④じゃあ今日だけきちんと引継ぎをして明日から休みなさい。

（1）病気を疑う言動をしない

先週まで元気そうにみえた従業員がいきなり診断書をもってくるわけですから、社長として驚く気持ちになるのもわかります。そして、本当にうつ病なのか疑う気持ちもわかります。

しかし、このタイミングで病気を疑う言動をしてしまうと、従業員としては、「うつ病の診断書を出しているのに、社長からは私の体調を気遣う発言は一切なく、むしろ私が仮病ではないかと疑うような質問ばかりで、非常に落ち込んだ」と思うでしょう。そうすると、会社と従業員との関係が悪くなりますし、そこでの社長の心無い発言が、さらに病気を悪化させる原因になったと指摘される可能性もあります。

したがって、③のような病気を疑う言動は避けるべきです。

（2）診断書が出てきたら休ませることを考える

社長としては、本当にうつ病なのか、またその原因が職場環境なのか、など疑問に思うところがあったとしても、「1カ月の自宅療養が必要」とある以上、まずは休ませることを考えるべきです。

確かに、実務上は、「職場環境悪化によりうつ病発症」や「上司のパワハラによりうつ病発症」などと医師が書いている場合があり、会社としてもそれに対して反論したい気持ちもわかります。しかし、原因について異論があったとしても、現時点で「1カ月の自宅療養を要する」という医師の見立ては

変わらないため、①のような「医師が勝手に原因を決めつけているから、書き直してもらうまでは認めない」という対応は取るべきではありません。

　なお、本人を休ませたうえで、本人の同意を得て医師に面談を求め、病気の程度や回復の見込みなどを聞くことは問題ありません。会社としても1カ月で治る見込みなのか、深刻でしばらく復帰が難しそうかによって職場の配置等が変わってくるからです。

　同様に、②のように会社や社長の判断で、「大丈夫だろう」と決めつけて働かせることも当然のことながら避けるべきです。

　この時点で会社が最優先で考えるべきことは、本人が本当に病気か否か、原因がどこにあるのかをはっきりさせることよりも、「診断書が出ているのに休ませなかった」という指摘を受けないようにすることです。

　そして④のように今日だけ引継ぎをお願いして、翌日から休ませるという選択肢についてもリスクはあります。すなわち今日、働かせているからです。理想としては、その診断書をもらった時点で仕事はさせずに帰って休んでもらうことです。もっとも先週金曜日まで普通に働いていたわけですから、いきなり1カ月お休みをされるとなると業務に支障も生ずると思われます。

　したがって、リスクはありますが、本人と体調についてきちんと確認を取り合いながら最小限の引継ぎ作業を行っても

らい、そのうえで翌日以降、休んでもらうということは実務上やむを得ないところだと思います。

（3）従業員が大丈夫だと言っても慎重に対応する

　上記の設例とは異なり、「1カ月の自宅療養を要する」という診断書が出ているのに、本人が「無理しなければ大丈夫です」や「残業しなければ大丈夫です」と言ってくるケースもあります。

　しかし、この時点でわかっている情報としては、「1カ月の自宅療養を要する」である以上、本人の「大丈夫である」という発言を鵜呑みにすべきではありません。

　したがって、本人の体調を見ながら、最小限の引継ぎをしてもらうことは実務上あり得ても、その後も通常の勤務をさせるのは避けるべきです。後々、その時に働かされたことで（休ませてもらえなかったことで）病気が悪化したとの主張や、本当は休みたかったが迷惑がかかると思って言えなかった等の主張が出てくることがあります。

　もし働ける状態であれば、再度、医師から就労可能との診断書や、自宅療養ではなく通院加療などの診断書を提出してもらったうえで就労できるかどうかを慎重に判断すべきです。

パワハラ調査の留意点とは？
その1

　パワハラ防止措置に関する法律（労働施策総合推進法）が成立したことにより、会社は、パワハラ防止措置を講ずることが義務付けられ、相談者からの相談に適切に応ずることが求められます。

　もしも、会社がパワハラ相談に適切に対応しなかったことにより深刻なパワハラ被害が生じたとすると、安全配慮義務違反を問われかねません。会社は、相談者からの相談に耳を傾け、現状を把握し、相談者の意向を確認しつつ調査を開始し、最終的に事実認定をしたうえで処遇を決定し、再発防止措置を講ずるという一連のプロセスを履践することが求められます。

（1）時間を空けずに相談を聞く

　相談者からパワハラについて話がある、相談したい等の申し入れがあった場合、なるべく時間を空けずに相談のための時間を作ってください。通常業務で忙しいこともあるかもしれませんが、パワハラが日々行われている場合や深刻な内容

である可能性もあるため、早急に事実関係を確認することが求められます。

したがって「今月は忙しいから来月で良いですか？」等という対応は避け、なるべく時間を空けずに相談者からヒアリングをしましょう。

（2）ヒアリングの基本方法

相談者からヒアリングをする際は、個室で、周りに聞かれない場所で実施するなど、相談者のプライバシーに配慮した形で行います。

近くにパワハラ行為者とされる者がいる場合には委縮してしまう可能性があるので、物理的にも離れた場所やパワハラ行為者とされる者が出張、外出している間に実施する等の工夫をしましょう。

（3）メール、録音、写真等、客観的な証拠の確保

パワハラに限らずハラスメント事案において重要なのが、メールや録音などの客観的な証拠です。相談者からヒアリングをした際、パワハラを裏付けるこれらの客観的証拠を有している場合には、相談者から同意を得て、メール、録音、写真等のデータや紙媒体のコピーを受領し保存しておきましょう。携帯電話を紛失したり、故障したり、機種変更時に過去の履歴が失われたりする可能性があるので、本人だけに任せず、会社でも保存しておくことが望ましいです。

また、相談者のヒアリングの際に「○○さんが見ていた」、「△△さんも知っていると思う」など、目撃証言が得られそうな人についても、相談者からヒアリングしておきましょう。

（4）ヒアリングの留意点

　まずは、何があったのか、とにかく相談者に自由に話をしてもらいましょう。会社が具体的な質問事項を用意しておいて、それに答えてもらう形の方が、事実関係の整理や時系列の整理ができるのですが、この方法だと真に問題になる行為や問題になる出来事が見逃される可能性があります。また、きちんと会社に相談に乗ってもらったという安心感が生まれ、相談者の感情を悪化させないことにもつながります。

　そのうえで、いつ、どこで、誰が、何をしたのか、それがどれくらいの期間続いているのか、被害者は他にいないか、そしてそれを裏付ける客観的証拠や目撃者がいないのか、相談している同僚はいないのか等、必要な情報を補足的に聞くのが良いでしょう。

　なお、ヒアリングをしている際に次のような発言が相談者からあることがあります。その場合でも調査を開始した初期段階では断定的な回答はせず、あくまで調査をして事実関係が明らかになってから判断する旨を伝えてください。

「これってパワハラですよね？」
「パワハラが認められたら加害者の□□上司は処分を受けますよね？」

「これは会社の責任ですよね?」

→「事実関係を調査したうえで判断します」(断定的な回答
　は避ける)

(5) 相談者の意向も確認しておく

　相談時に、相談者の気持ちや意向について確認しておきましょう。それによって会社としてどのような調査をするのか、どこまでのことをするのかに影響します。

・加害者に自分が相談したことは伏せてほしい。
・ただ会社に被害を伝えたい。
・同じ職場で働きたくない。
・加害者にしかるべき処分をしてもらいたい。
・加害者を解雇してほしい。

など様々です。あくまで意向を聞くものであり、それを約束するものではありません。

　相談者も感情が高ぶって様々な意向を述べますが、まずは意向を聞くということ自体が重要です。

(6) 今後の手続きを説明する

　パワハラ調査についての今後の手続きを説明します。

　どのような流れになり、どれくらいの時間がかかりそうか等を伝えておきます。また調査にあたっては、特定の加害者

と被害者の問題であることも多く、加害者にヒアリングをすればおのずと誰から申し出があったかわかってしまうこともあります。

　会社としては、相談者の一方的な話のみで加害者の懲戒処分等を決めることはできません。相談者には、あらかじめ、加害者や必要に応じて同僚等へのヒアリングを含む調査を行うことについて理解と了承を得ておきましょう。この点の理解が得られないと表面的な調査しかできません。

　今後の手続きを説明したうえで、どのような調査を望むのかの意向を確認します。

　このように、パワハラ相談があった場合には、相談者の意向にも配慮したうえで、適切に調査を行うことが求められます。

**40 パワハラ調査の留意点とは?
その2**

#パワハラ　#聞き取り　#怪我・病気　#懲戒処分

　パワハラ調査にあたって、行為者または加害者とされる者（以下「行為者」と言います）に対するヒアリングの留意点について説明します。

　調査のうち、行為者へのヒアリングは特に重要です。どのような事実認定になるのかは、行為者のヒアリング内容によって大きく左右されます。また、調査を行ったことがきっかけでメンタル疾患になったと主張する場合や「誰がそんなことを言っているのか?」と犯人探しや報復の危険もあり得るため、調査については慎重な配慮が必要となります。

（1）ヒアリングの順番

　行為者から先にヒアリングを行うか、第三者（上司、同僚、部下など）から先にヒアリングを行うかは、事案によって柔軟に決定すべきですが、基本的にはまず行為者を先にヒアリングします（事前に相談者に対して、行為者らへヒアリングを行うことについて了承を得ておきます）。

　行為者へヒアリングをした結果、相談者の相談内容である

事実関係と一致している場合は、パワハラか否かの評価はさておき、かなりの確率で言動の存在自体は認定できます。そのため、行為者にヒアリングをしても事実関係が確認できない場合に第三者にもヒアリングをするという流れが一般的です。

（2）ヒアリングの実施方法

　ヒアリングはあくまで事実関係の確認です。したがって、個人的には、事前に行為者に対してヒアリングすることを予告しなくとも、行為者に対して「ちょっと聞きたいことがある」という形で、呼び出して実施しても問題ないと考えます。

　なお、行為者がヒアリングを断ってきた場合、ヒアリングに応ずるよう説得し、それでもヒアリングに協力しないのであれば業務命令を出してヒアリングに応じるよう命ずるしかないと考えます。もっとも、行為者がヒアリング途中で「今日は話したくない、退席したい」と言ってきた場合、ヒアリングに応ずるよう説得することは直ちに違法ではありませんが、物理的に身体を拘束したり、長時間にわたってその場から出られないようにするなどした場合には、暴行や監禁、ヒアリング方法が不法行為であると主張される可能性があるので避けてください。

　ただし、ヒアリングに応じないという態度は、それ自体が業務命令違反であることや、事実認定をする際の１つの事情にはなろうかと思います。

(3) 正直に話してもらう

　行為者へのヒアリングでは、まずどのような回答があり得るのかを想定しておくことが重要です。具体的には「言動の存在の全部または一部並びにパワハラであることを認める」、「言動の存在の全部または一部を認めつつパワハラであることを争う」、「言動の存在そのものを否定する」の3パターンが主に考えられます。問題は、言動の存在そのものを否定する場合ですが、行為者の1回目のヒアリングのときは、会社がその時点で把握している手持ち証拠は必ずしも開示する必要はないと考えます。

　まずは、どこまで正直に話してくれるかをみます。手持ち証拠の有無や内容で行為者が供述を変える可能性もあるからです。

　なお、ヒアリングでは咄嗟にウソをつくケースもあります。したがって、行為者が言動の存在を否定した場合も、1週間以内に再度、行為者と面談をして「前回は突然のヒアリングで混乱していたかもしれないが、もう一度冷静になってみて思い出すことはないか」などと、こちらから話を振ってみるのもよいと思います。ここで正直に話さず言い逃れをしてしまったがために、その後に相談者との間で深刻な感情の対立が生じてしまったケースがあります。

(4) 行為者の名誉感情にも配慮

　パワハラ相談があり、特定の行為者の言動が問題になった

としても、調査段階では言動そのものの存否やその言動がパワハラと評価できるかどうかは分からない状況です。

　したがって、調査段階において、行為者がパワハラをしたと断定するような言動や、行為者がパワハラ調査を受けているなどといった噂が過度に流れたりすると、万が一、パワハラの事実が認定できなかった場合などに、行為者の名誉感情を傷つける可能性があります。あくまで調査段階であるという前提で、行為者に対して調査を行わなければなりません。

（5）犯人探しや報復は絶対にしないよう伝える

　行為者にヒアリングをすると、犯人探しや報復の危険があります。また、相談を取り下げるよう強要したり、証言内容を変更するよう求めたり、相談者や証言者に対して何らかの圧力をかけるようなこともあり得ます。

　このような行為をした場合には、それ自体が別の処分対象になることを伝えたうえで、犯人探しや報復を絶対にしないように念を押しておく必要があります。

（6）メンタル疾患の対応

　加害者が、自身がパワハラ調査の対象になったことを理由にメンタル疾患になったと主張してくる場合もあります。

　パワハラ相談があった場合、会社としてパワハラ調査をせざるを得ないので、調査をすることそれ自体で会社の責任が問われるわけではありませんが、調査の段階でパワハラを決

めつけたり、名誉感情を害する調査方法をした場合には会社の責任が問われる可能性もあります。

　なお、メンタル疾患で自宅療養を要するとの診断書を提出しているのに、出社を強制してパワハラ調査を強行するなどした場合は、それによりメンタル疾患が悪化したと言われる可能性があるので、体調が回復してから調査を再開するなどの配慮をした方が良いでしょう。

　これは調査を待つだけであり、調査を再開し、結果としてパワハラの事実が認定できれば、当然、処分対象になるため、メンタル疾患になったからといって過去のパワハラの責任を免れるわけではありません。

#パワハラ　#聞き取り

　パワハラ調査にあたって、第三者に対するヒアリングの留意点を説明します。

　調査において、被害者と加害者の話が食い違う場合、会社は第三者の証言や物証など他の証拠から事実を認定していかなければなりません。また、パワハラ被害が他の従業員にも及んでいる可能性もあるため、第三者のヒアリングは非常に重要です。

（1）ヒアリングする第三者の範囲

　第三者として想定されるのは、同じ部署の上司、部下、同僚など、当該パワハラ相談の内容について知っていると思われる従業員です。全く関係のない従業員にまで範囲を広げてしまうと、パワハラ調査自体に時間がかかってしまいますし、不必要にパワハラに関する噂が広まってしまいます。

　特に、相談者と加害者の話が食い違っている場合は、第三者の範囲は慎重に決定する必要があります。

　基本的には、相談者からヒアリングをした際に、パワハラ

を目撃している人や相談している人がいないかを確認します。同じように被害を受けている従業員がいないかも確認し、具体的な名前が挙がればその人が候補になるでしょう。

もっとも、相談者が名前を挙げた人だけではなく、会社の判断でヒアリングすべき人を決定すべきです。事案によっては、相談者が、自分に有利な証言をしてくれる人の名前しか挙げない可能性もあるからです。

そのため、第三者にヒアリングをする際は、どのような立場の第三者かを確認しておきます。相談者や加害者に肩入れした証言を行う可能性の有無を念頭に入れてヒアリングを行います。

そのほか第三者としては、例えば、たまたま現場で目撃していた取引先の人などが考えられます。しかし社外の人の場合、ヒアリングに協力してくれるか、社内のパワハラ問題に取引先を巻き込んで良いか、仮に裁判等になった場合に証言に協力してくれるかなども考慮したうえで、ヒアリングを依頼するか否かを検討すべきです。

（2）どの順番でヒアリングするか

第三者へのヒアリングのタイミングは非常に悩ましい問題です。厚労省のパンフレットでは、当事者にまずヒアリングをし、事実関係に食い違いがある場合に第三者にヒアリングをするというフローチャートになっています。

確かに当事者間で事実関係が一致している事案や客観的な

証拠があり加害者も事実関係自体を争えないような事案であれば、被害者からヒアリングをした後、直ちに加害者にヒアリングをしてもよいでしょう。

その方が、不必要にパワハラに関する噂が広まることもありません。

しかし、実際にはそう簡単にいかない事案もあります。そもそも、相談者と加害者の話が食い違うか一致するかは、実際に聞いてみなければ分かりません。

話が一致していれば問題ないのですが、万が一、話が食い違う場合、なぜ食い違うのか、どちらの話が正しいのかを判断するにあたって、相談者からのヒアリングしか手持ちの証拠がないと、会社は加害者に対して突っ込んだヒアリングができない可能性があります。

特に加害者は、会社がどの程度の証拠を持っているのかを見越して、供述の内容を変えてくる可能性があります。

そのため、事案によっては、相談者からヒアリングした後、第三者にヒアリングをして事実関係を固めてから、加害者にヒアリングをする方が望ましいケースもあります。

したがって私としては、必ずしもヒアリング順を「相談者→加害者→第三者」に固定せず、どうすれば各事案において、真実を発見することができるかという観点で柔軟に変更してよいと考えます。

(3) ヒアリング目的をどこまで伝えるか

　ヒアリングをする際に悩ましいのが、第三者にヒアリング目的をどこまで伝えるかです（もちろん相談者からは、加害者や第三者にも調査してよいとの承諾を得ている前提です）。

　ヒアリング目的を伝えることで、例えばAさんとBさんとの間でパワハラ問題が起きているということがわかってしまいます。

　一方で、ヒアリング目的を隠して第三者にヒアリングをすると、会社が本当に聞きたいことを引き出せない可能性があります。また、ヒアリング終了後に、ヒアリング目的が分からないため、ヒアリングを受けた第三者が憶測でいろいろなことを職場で話してしまい、結果として二次被害が生ずる可能性もあります。

　私としては、効果的なヒアリングを実施するためにも、第三者へのヒアリングの際にはヒアリング目的を伝え、かつヒアリング内容を他言してはならない旨を念押ししたうえで、ヒアリングを実施した方がよいと考えます。

　なお、事案によっては、「職場環境アンケート」という匿名のアンケートを取り、その中で具体的なパワハラ問題についての記載があれば、そのアンケートを根拠に、第三者に対して「職場環境アンケートの中に、こういうパワハラ問題が起きているのではないかということが匿名で書かれているのだけど、あなたの方で知っていることはないですか?」という形でヒアリングをすることもあり得るかと思います。

42 パワハラ調査の留意点とは？
その4

#パワハラ　#懲戒処分　#求償　#労働災害　#配置転換

　労働施策総合推進法の改正により、令和2年6月1日から、大企業ではパワハラ防止のために雇用管理上必要な措置を講ずることが義務づけられました（中小企業は令和4年4月1日より適用）。これに先立ち令和2年1月15日には、「事業主が職場における優越的な関係を背景とした言動に起因する問題に関して雇用管理上講ずべき措置等についての指針」が発表されました。

　本格的にパワハラ対策が求められている企業に対する、最終的なパワハラ調査の判断に際しての留意点を説明します。

（1）最終的に誰が判断すべきか

　社内調査が終了すれば、会社は、最終的にパワハラに該当するか否かを判断しなければなりません。その際、いつ、誰が判断するのかを内部的に決めておく必要があります。パワハラ調査チームが決めるのか、第三者委員会が決めるのか、それとも取締役会が決めるのか等、今後は、適切に調査したことだけでなく、その適切な調査結果をもとに適切に判断し

たというプロセスの証明も求められます。

　なお、パワハラに該当するか否かを判断するにあたっては、今どの場面のパワハラが議論されているのかをきちんと押さえておく必要があります。労働施策総合推進法第30条の2第1項に該当するパワハラなのか、懲戒処分をすべき程度のパワハラなのか、民事上の損害賠償請求の対象となり得るパワハラなのか、刑事事件の対象になり得るパワハラなのか、業務上災害の出来事としてのパワハラなのか等、様々な場面が想定されます。この点について被害者の認識と会社の認識にズレがあるとパワハラに関して誤解を生むことになりかねません。

（2）相談者が納得しない場合の対応

　会社が適切に調査した結果、「パワハラがあったとまでは認定できない」、「パワハラとまでは評価できない」という結果に至った場合、なるべく早く相談者に伝えるべきです。

　相談者が納得せず、抗議を受けるのではないかと不安になり躊躇しますが、問題の先送りにしかならないので早く伝えるべきです。

　会社として「パワハラがあったとまでは認定できない」と判断した以上、その結論については毅然とした態度を取るべきです。

　相談者から「納得できない」、「もう一度考え直してほしい」、「おかしい、訴える」など厳しい口調で言われたとして

も、適切に調査した結果である以上、結論を変えるべきでは
ありません。

　もっとも、調査結果を伝える際には、相談者の受け止めに
も配慮し「あなたの言っていることを疑っているわけではあ
りません。ただ会社として公平な立場で事実を調査しました
が、今回の申出についてはパワハラがあったとまでは認定で
きませんでした」などと丁寧に説明すべきです。

　なお、相談者から再度の調査を求められた場合は、「現状
の調査結果を前提にすれば同じ結論になります。ただ、新し
い証拠や事実がある場合には再度の調査を検討します」とい
うように、単なる調査の蒸し返しになる場合には断り、新し
い事情があれば再調査を検討するというスタンスで良いと考
えます。

（3）処分等の検討

　パワハラと認定した場合は、再発防止のためにも基本的に
懲戒処分を検討すべきです（情状によっては厳重注意にとど
めることもあります）。処分の程度については、行為態様、
頻度、加害者と被害者の関係性、被害の程度、反省の有無、
過去の本人の処分歴、過去の同種事案における会社の処分の
程度、職場秩序に与えた影響、会社の社会的信用の低下の有
無・程度などあらゆる要素を総合考慮して決定します。

　重大な傷害を負わせたり、再三にわたる注意指導にもかか
わらず改善しないような場合はともかく、初めてパワハラで

の処分の場合には、まずは自覚させ、改善を促すというプロセスを経るべく、雇用契約の終了に至らない懲戒処分（譴責〜出勤停止）を検討すべきと考えます。

　私はパワハラ事案の場合、出勤停止1日を標準として、事案によってそれより軽くしたり、重くしたりすることをアドバイスしています。パワハラは、職場秩序に大きな影響を与えます。加害者を1日であっても出勤停止させ職場から離すことで職場秩序の回復をはかり、かつ、加害者自身にも仕事から離れて自分のしたことを真剣に反省してもらいたいからです。

　そのほか、人事権の行使としての降職や配置転換も検討すべきです。その場合は基本的に加害者の配置転換を検討します。加害者の配置転換が困難な場合は、被害者の異動も検討せざるを得ません。ただしその場合は、被害者に事情を十分説明し、同意を得て行うべきです。パワハラ被害の申告により、不利益な取り扱いを受けたと思われないようにしなければならないからです。

#障害者雇用　　#休職　　#退職　　#面談

【トラブル事例】

　電機メーカー（以下「会社」といいます）勤務のＸさんは、入社後、１年間はシステムエンジニアとして勤務していました。

　ところが、社内外の意思疎通がうまくできないため業務を任せられない、納期も守れないと評価されていました。

　そこでＸさんは対人交渉が少ないとされる予算管理業務に配属されました。その後、Ｘさんは体調不良を訴えるようになりました。また、自殺したいなどの独り言を言ったり、職場を徘徊したりするようになったため、上司が精神科を受診させました。そうしたところ、Ｘさんは診断に当たった医師から統合失調症であるとの診断を受けました。医師は休職および治療を要すると診断しました。しかし、Ｘさんは休職もせず通院も数回で終了し、服薬も止めてしまいました。Ｘさんの上司は会社の健康管理センターに相談し、健康管理センターはＸさんに精神科の受診を勧めました。

　各種の心理検査等を経た後、医師はＸさんをアスペルガー症候群であるとの確定診断を下しました。

　会社では、試験出社を実施した上で復職可否の判断をする

 こととなっており、会社も、試験出社を行いました。

　原告が行うこととされた自主活動は、支給されたパソコンにウイルス対策のパッチ処理をすること等でした。その間、Xさんは、欠勤、遅刻・早退こそなかったものの、上司の指示に従わず反論をする等しました。また、独語したり意味なくニヤニヤする行動があったほか、身だしなみについて注意を受ける等しました。

　これらを踏まえて、会社はXさんにはコミュニケーション能力や社会性について改善が見られず、総合職として適する職務はないと判断し、休職期間満了をもって退職とし、原告に対してその旨を通告しました。

　事例は日本電気事件（平27.7.29東京地裁判決）を題材としております。

　本件では、休職事由となった傷病がアスペルガー症候群という、先天性の発達障害であるところに特徴があります。

　まず法的には職場復帰可能な程度に休職事由が消滅しているかが問題になります。

　日本電気事件では、職場復帰面談や試し出社を実施したところ、遅刻早退欠勤は無かったものの、日本の総理大臣の名前や所属する会社の代表取締役社長の名前を言えなかったり、居眠りを注意されると寝ておらず目を閉じていただけだと反論したり、独り言を言ったり意味なくニヤニヤしたり、同僚に対してあいさつをしなかったり、お礼を言わなかったり、ネクタイを着用しない、コート着用のまま作業をする、

メモ用の手帳を持参しない、寝癖がついているなどの問題がありました。

　裁判所は、従前の職務である予算管理業務を行えるかの判断に当たり、コミュニケーションの問題や不穏当な言動を挙げて、債務の本旨に従った労務の提供はできないとして休職期間満了による自然退職扱いを有効と判断しました。

　事例においても、産業医面談も同席のうえ、職場復帰面談や試し出社を行い、債務の本旨に従った労務の提供ができるかどうかを判断する必要があります。具体的には従前の職務を通常の程度行えることができるか、もしくは当初軽易作業に就かせれば、程なく従前の職務を通常の程度に行える健康状態になったか否か判断することになります。

　もう一つ問題になるのは障害者に対する合理的配慮の提供義務です。障害者雇用促進法第36条の3は、「事業主は、障害者である労働者について、障害者でない労働者との均等な待遇の確保又は障害者である労働者の有する能力の有効な発揮の支障となっている事情を改善するため、その雇用する障害者である労働者の障害の特性に配慮した職務の円滑な遂行に必要な施設の整備、援助を行う者の配置その他の必要な措置を講じなければならない。ただし、事業主に対して過重な負担を及ぼすこととなるときは、この限りではない」と規定しています。

　この条文は、一般に事業主に、障害者に対する合理的配慮の提供義務を負わせたものであると理解されています。この

合理的配慮の提供義務が休職事由の消滅の判断に何らかの影響を与えるかが問題になります。

前記日本電気事件では、裁判所は、具体的には休職事由が消滅したと認められるか否かを検討するに当たり、障害者基本法第19条第2項、発達障害者支援法第4条、改正障害者雇用促進法第36条の3の趣旨を考慮する必要があると明示しています。

ただ、判決は、趣旨を考慮するにしても、事業者が過度の負担を伴う配慮の提供義務を負わないよう、留意する必要があるという留保は付けています。その上で現実的に配置可能な予算管理業務、ソフトウエア開発業務、プログラミング業務を検討し、いずれも対人コミュニケーションが不要な業務は無く、債務の本旨に従った履行の提供をすることはできないと判断しました。

やはり、あくまでも総合職として雇用契約を締結しており、障害者として雇用しているものではないことを重視していると思われます。

ただ、仮に現実的に配置可能な業務が無くとも、事案の円満な解決のために障害者雇用として改めてパートタイマーとして従来と異なる賃金で働くことができる業務があるかを検討することもあります。いずれにしても十分な話し合いが必要になります。

44 意外な落とし穴？ 早出残業時間

#残業　#長時間労働　#時間外労働

（1）労働時間管理の重要性

　中小企業においても、一部の業種を除いて令和2年4月から時間外労働の上限規制が始まりました。企業においては、未払い残業代の観点だけではなく、上限規制遵守の観点からも、適切に労働時間を管理していくことが求められます。

　そして労働時間管理をしていたつもりでも、それが実際の就労状況を反映していなかったり、会社が労働時間だと思っていなかった時間が実は労働時間であったりすると問題に発展しかねません。

　そんななか、意外な落とし穴なのが早出残業と休憩時間です。

　例えば1時間の休憩が取れていることを前提に労働時間管理をしていたところ、あとで従業員から「休憩時間中も来客対応をしなければならず、労働から解放されていなかった」という主張があり得ます。

　同じく早出残業についても「所定始業時間より前に出社して仕事をしていた」という主張があり得ます。

したがってこれらの時間についてもきちんと把握、管理することが求められます。

（2）時間外労働についての基本的な考え方

そもそも時間外労働といえるためには、単に働いているだけでは足りません。会社の指揮命令下において会社から指示されて働いたものが時間外労働です。

したがって、会社が働くなと指示しているにもかかわらず、それを無視して勝手に働いた場合は仮に手を動かしていたとしても時間外労働にはなりません。しかし、働いていることを知りながら会社が黙認していたような場合には、黙示の指示があったと認定される可能性があります。

（3）労働時間を把握するツール

裁判所は、労働時間の把握義務が会社にあることを前提に、会社がどのようなツールで労働時間を管理しているのかをまず確認します。タイムカード、出勤簿、タコグラフなどがこれに該当します。

したがって、労働者側が毎日の労働時間を自ら手帳などにメモしていたとしても、裁判所はいきなりそれを採用するのではなく、まずは会社が正式に管理している労働時間に関する資料の信用性を吟味します。そのうえで、会社が管理している資料が様々な理由から信用できないとなったときに、その他の資料や証言などから労働時間を認定していくという流

れになります。出勤簿に真実を書けないような事情があったような場合、すなわち仮に働いたとしても所定始業時間より前の時間を出勤簿に書くなと指示していたり、そのような記載をしたら書き直しをするように指示していたりしたような場合は、会社が管理している資料が信用できないと判断される可能性があります。

　また、裁判所は実態で判断するため、早出残業について許可制を採用していたとしても、誰も申請しないまま働いているという実態があれば、会社が早出残業を黙認していたと判断する可能性もあります。

（4）始業時間についての裁判所の考え方

　始業時間について、裁判例で「ログ記録がある日については、基本的にはこれを手がかりに原告の労働時間を推知するのが相当である。もっとも、始業に際しては、一般に、定時に間に合うよう早めに出勤し、始業時刻からの労務提供の準備に及ぶ場合も少なくないから、ログ記録に所定の始業時刻より前の記録が認められる場合であっても、定時前の具体的な労務提供を認定できる場合は格別、そうでない限りは、基本的に所定の始業時刻からの勤務があったものとして始業時刻を認定するのが相当である」と判断したものがあります（大作商事事件／令元.6.28東京地裁判決）。

　この事案はパソコンのログ時間でしたが、通常のタイムカードでも所定始業時間より前に打刻がなされることがあり

ます。裁判所も、始業については定時に間に合うように早めに出勤することがあるという一般的な実態を理解してくれています。そのうえで、労働者側で所定始業時間より前に「具体的な」労務提供を主張立証できる場合はともかく、そうでない場合は所定始業時間からの把握を許容しています。

（5）今後の対策

このように所定始業時刻を始業時刻と認定する裁判例があるものの、労働者側が具体的な労務提供を主張立証できた場合は早出残業と認定されてしまう可能性があります。

そのため所定始業時間より大幅に前に出社している従業員がいる場合、個別に呼んで何をしているのかを確認すべきです。そこで仕事をしているという回答があれば、そのような仕事はしないように、または事前に申請し許可を得ないと認めないということを証拠が残る形で指示すべきです。

もっとも早出しなければならないほどの仕事量の可能性もあります。単に労働時間を減らせ、早出を認めないというだけでなく、現状の仕事量や仕事の分担などについても話し合うことが必要です。

また労働時間管理についてクラウド型の勤怠システムを導入し、月に1回、今月の労働時間、時間外労働時間はこの時間数で間違いないかを労働者に確認させ、承認を得るという方法も、労働時間についての齟齬が生じにくくトラブルを防ぐ1つの方法と言えます。

45 メンタル疾患を認めない社員への対応とは？

#怪我・病気　#聞き取り　#注意指導　#就業規則　#配置転換

　新型コロナウイルスの感染拡大を契機に、企業はテレワークを導入するなど、働き方が大きく変化しました。それに伴い従業員のメンタル疾患に関するご相談も増えましたが、では次のような場合、会社はどのように対応すればよいでしょうか。

【トラブル事例】

　従業員Aさんは、以前から突然大声で怒鳴ったり、機嫌が悪くなったりするなど気分に波がありましたが、最近は指示された仕事を忘れたり、仕事中に居眠りもしています。遅刻も月に数回あります。何らかのメンタル疾患を抱えている可能性がありますが、Aさんにそれとなく話をしたのですが「私は大丈夫です。病気ではありません」と言われてしまいました。

　しかし、周りの従業員はAさんに振り回されて疲弊しています。どのように対応したらよいでしょうか。

（1）病気であると決めつけた対応はしない

　この問題を解決するためには、病気であるか否かをはっきりさせること、そして仮に病気であるとするならば治療をしてもらうことが必要になります。

　しかし、メンタル疾患は本人に自覚がない場合も多く、会社がメンタル疾患であると決めつけた言動をしてしまうことで、本人の感情を害し、その後の対応でトラブルになることがあります。

　例えば「あなた最近おかしいよ、変だよ。うつ病でしょ、病院行ったら？」というように病気と決めつけるような言動は避けた方がよいです。

　もちろん「体調は大丈夫か？」と聞くこと自体は問題ありませんが、本人が大丈夫だと言う場合は、設例のように遅刻や仕事中に居眠りをしているというのであれば、このような勤務態度不良について注意指導することになります。単なる勤務態度不良であれば改善することもありますが、メンタル疾患を抱えている場合には、また同じような言動を繰り返す可能性が高いです。そのため、注意指導しても勤務態度に改善が見られない場合、「このままだと会社としても懲戒処分を検討せざるを得ない。ただ勤務態度不良の原因が病気など他の原因があるのかもしれない。そうであればまずはきちんと治療することが先だと思うので、診察を受けてもらえないか」と促すのがよいでしょう。この場合も、いきなり業務命令としての受診命令を出すのではなく、まずは任意の受診を

勧めるのがよいでしょう。

　なお診察費用は本人負担ですが、この従業員にどうしても受診してもらいたい場合は初回の診察に限り会社負担で対応することもあります。この場合、会社負担は「初回」の診察費用に限ることを明確にしておくべきです。メンタル疾患であることが発覚して継続的な治療が必要になった場合、すべて会社が費用負担するものと誤解される恐れがあるからです。

（2）就業規則を整備しておく

　任意の受診を促しても拒否する場合は、受診命令を出すことを検討します。この際に、受診命令を出しやすくするために、就業規則に「会社は、心身の不調により労務提供が不完全であると認める場合には、従業員に対してその労務提供を拒否することができ、診断書の提出、会社が指定する医師の受診を命ずることができる」と入れておくと説明がしやすいです。

　なお受診命令も業務命令であることから、このような業務命令が業務命令権の濫用であると指摘される可能性があるため、本人の勤務態度不良の事実、注意指導に対しても改善がみられないこと、そして本人の言動からメンタル疾患が疑われることなど客観的な根拠があることが望ましいです。

（3）家族への連絡の可否

　メンタル疾患の場合、家族のサポートも得ながら治療していくことが望ましいと言えます。しかし、一方で、病気は個人の情報であり、本人が病気を家族に伝えたくないという場合もあります。そのため本人の同意を得ずにいきなり両親や家族に連絡をしてしまうとトラブルになる可能性があります。

　メンタル疾患の影響で他人や自分に危害を加える可能性がある場合や行方不明になるなど緊急性がある場合はともかく、従業員本人と意思疎通ができる場合は、まずは本人の同意を得て家族に連絡するようにしましょう。

　なお、身元保証契約や入社時誓約書に「心身の不調等があった場合、会社が身元保証人や緊急連絡先として指定する人物に連絡することに同意する」などと入れておくと説得しやすいです。ただ入社時誓約書などで同意を得ていた場合でも、病気に関する事柄であるため、個別の事案ごとに本人の同意を得るべきです。

（4）本人の業務内容の検討

　診察の結果、メンタル疾患であることが分かれば治療に専念してもらうことになりますが、メンタル疾患ではないという判断もあり得ます。後者の場合は就労してもらうことになりますが、その際にこれまでと同じ状況で勤務してもらうのがよいかどうかを検討しなければなりません。すでに周りの

従業員が疲弊しているということもあるため配置転換を検討する必要があります。

　また、配置転換が難しい場合でも、メンタル疾患を発症させないように、また他の従業員へのパワハラ問題が起きないようにするために、本人の残業時間を減らしたり、業務量や責任を分担したりするなどの配慮も会社は検討する必要があります。

46 管理監督者は仕事をサボる？

#管理監督者　　#給料

（1）管理監督者は中小企業では都市伝説

　私の著書『社長は労働法をこう使え！』（ダイヤモンド社）
では管理監督者は「中小企業では都市伝説」と書きました。
つまり、私は行政や裁判所の厳しい基準では、世の中の中小
企業では管理監督者は存在しないのではないかとの問題提起
をしました。

（2）権限や業務内容が重要

　しかし、管理監督者性を肯定する裁判例もあります。

　例えば、セントラルスポーツ事件（平 24.4.17 京都地裁判
決 労働判例 1058 号 69 頁）判決です。セントラルスポーツ
は中小企業ではありませんが、判決文からは裁判所の管理監
督者に対する考え方が読み取れます。

　まず、セントラルスポーツ事件判決では管理監督者である
と言えるためには「①職務内容が少なくとも、ある部門全体
の統括的な立場になること、②部下に対する労務管理等の決
定権等につき、一定の裁量権を有しており、部下に対する人

事考課、機密事項に接していること、③管理職手当等特別手当が支給され、待遇において時間外手当が支給されないことを十分に補っていること、④自己の出退勤について自ら決定し得る権限があること、以上の要件を満たすことを要すると解すべきである」と述べました。

　原告は、エリアマネージャーであり、複数のスポーツクラブを管理していました。具体的に言いますと、スポーツクラブの数値目標管理、スポーツクラブ運営の指導を行う権限、担当エリアの予算案の作成権限等を有していました。その他はアルバイト以外の従業員の採用、人事考課、昇格、異動の権限を有していました。営業戦略会議に参加することが義務付けられ、担当エリアの３カ月予想実績表などをもとに営業報告を実施し、さらに集客策や販売強化策、イベントの実施について話し合いを行っていました。

　これらの職務は、ほとんど予算や人の管理や営業にかかわることであり、原告がスポーツクラブの受け付けをしたり、営業を担当したりすることなどの実務をしておりませんでした。

　なお、マクドナルド事件では、マクドナルドの店長は、アルバイトがいない時に自らシフトに入っておりました。

　私は、管理監督者のモデルは工場長であると考えています。工場長は、製造ラインに立つことは稀で、実務はせずに、人と物とお金の管理をすることが仕事です（私の想像も入っております）。労働基準法は旧工場法をもとに制定されたもの

ですので、工場長のような立場にある方を管理監督者であると考えたと思います。

　東京地裁労働部の裁判官も権限や業務内容が非常に重要であると発言しています。ともすれば管理職の年収の高さや勤怠の自由さを会社は強調し、管理監督者に該当すると主張しますが、やはり以下の通り権限や業務内容が非常に重要であると述べています。

> 　「基本的に一番重視すべきは『権限』であろうと理解しております」(「割増賃金事件の審理に関する弁護士会と裁判所との協議会」判タ 1367 号 43 頁〔西村康一郎発言〕(2012年))「管理監督者の判断基準の優先度合としては、まずは権限や業務内容に重点をおいて考察し、その上で、労働時間が当該労働者の自由裁量に任されている場合には経営者と一体的立場にあることが裏付けられていると考えるのが相当である」
>
> 　「権限・責任や労働時間の自由裁量性といったものに比して給与・手当面の待遇は、管理監督者性の判断において補完的なものとされている」(福島政幸「管理監督者をめぐる裁判例と実務」判タ 1351 号 48 頁、49 頁(2011年))

　したがって、いわゆる名ばかり管理職の裁判では、業務内容や権限の主張立証が重要となります。

　この事案でも、人と予算の管理が原告の職務のほとんどを占めていました。このことは管理監督者の認定に大きな影響を与えたと思います。

（3）管理監督者は仕事をサボる？

　なお、裁判所の心証に少なからず影響を与えたであろう事情も判決文に記載されています。原告は2年間のうち、業務時間中に合計100回ほどスポーツクラブ内の接骨院でマッサージを受けていました。要するに頻繁に仕事をサボっていたのです。権限が広く、人を管理して自分の労働時間をコントロールできたことの現れです。

（4）年収はそれほど高くなくとも良い

　原告の基本年俸は約640万円（業績給も含めると約800万円前後）であり、物凄く給料が高かったわけではありませんが、アルバイトを除く従業員の中では上位約4％に位置づけられていましたので、相応の待遇を受けていたと認定しています。

　給料は会社の本音が出る所でもあり重要なポイントですが、裁判所は絶対額ではなく相対的な評価を重視しました。

　また、裁判所は「原告は、人事、人事考課、昇格、異動等について、最終決済権限がないことを理由に管理監督者でないと主張するが、原告の主張のように解すると、通常の会社組織においては、人事部長や役員以外の者は、到底、管理監督者にはなり得ないこととなる」と指摘しています。当たり前のことですが、よくぞ言ってくれたと思います。あまりにも厳しい管理監督者の認定に一石を投じた判決だと思います。

　まとまりなく記載しましたが、実務上参考になると思い、ご紹介しました。

#始末書　#謝罪　#注意指導　#懲戒処分

　従業員が業務上のミスやトラブルを起こした際、会社が始末書の提出を求めることがあります。この始末書については、提出を拒否する従業員やその内容から反省していないことが明らかであるような従業員への対応をめぐってトラブルになることがあります。

　そこで、今回は始末書の提出をめぐるトラブルへの対応について解説します。

（1）始末書を提出する2つの場面

　始末書とは、業務上のミスやトラブルが発生した際、事実関係を明らかにするとともに、反省や謝罪をし、再発しないことを誓約する書面のことをいいます。

　この始末書の提出については2つの場面が想定されます。1つは、業務上の注意指導の一環として提出を求めるもの、もう1つが懲戒処分として提出を求めるものです。

　懲戒処分の内容については就業規則に記載があると思いますが、そこに「始末書を提出し将来を戒める」などと書かれ

ています。

この2つの場面があることを意識して始末書の提出を求めないと、会社は業務上の注意指導の一環で始末書の提出を求めたのに、「私はすでに懲戒処分としての始末書を提出しました。したがって重ねて同じ事案で処分を受けるのは二重処分になります」等の反論が従業員から出てきてしまう可能性があります。

（2）始末書の提出を拒否する場合

ところが始末書の提出を拒否する従業員がいます。このような場合に会社は始末書の提出を強制することができるでしょうか。

業務上の注意指導の一環としてであっても、懲戒処分としてであっても、始末書は反省や謝罪を含む内容になります。そうすると、反省や謝罪する気持ちがないのに、無理やりそのような気持ちを書かせることは、従業員本人の思想良心の自由を侵害するのではないか、という議論があります。

そもそも心から反省や謝罪をしないと同じミスやトラブルを起こす可能性があり、反省や謝罪の気持ちがない者に対して無理やりこれらを強制しても意味がありません。

したがって、始末書の提出を拒否する場合、私は、提出は強制しないで良いと会社にアドバイスしています。同じ理由で、始末書の提出指示に従わなかったことを理由とした指示命令違反での処分をすることも避けるべきだとアドバイスし

ています。

　ただ後述するとおり、始末書の提出を拒否した従業員に対してはそのままにせず、改めて会社から始末書の提出を求めた経緯や趣旨を文書で説明すべきです。

（3）始末書とは異なる顛末書

　始末書と似ている文書で、顛末書があります。顛末書とは、従業員が業務上のミスやトラブルを起こした際、その経緯や問題に関する事実関係を報告させる文書です。

　始末書と異なるのは、あくまで事実関係を報告するよう求めるだけで、反省や謝罪を求めるものではありません。

　会社が従業員に対して日々の業務内容の報告を業務日報等で求めるのと同様、業務上の出来事について報告させることは業務命令として行えます。そして、反省や謝罪を求めるものではないため、始末書のように思想良心の自由の問題は生じません。会社としてもミスやトラブルがあった際には、事実関係をきちんと把握しなければ改善やその後の対応ができませんから、このような顛末書の提出を求めることは正当な業務指示と言えます。また始末書と顛末書は表現が似ているので、「事実経過報告書」などのタイトルでもよいでしょう。

　したがって、正当な業務指示である顛末書や事実経過報告書の提出を拒否する場合には、業務命令違反として懲戒処分等の対象になり得ます。

　会社としても事実関係の把握を目的にするのであれば始末

書ではなく顛末書の提出を求めた方が良いでしょう。

（4）始末書の内容が不十分だった時

　従業員が始末書を提出したとしても、その内容から反省していないことが明らかであったり、なぜ始末書を書かされたのか理解していないと思われるような場合があります。

　ただ、そのような始末書であったとしても、書き直しは求めなくて良いです。その内容こそが、その従業員の現時点での認識です。始末書の提出をしなければならないような事態であるにもかかわらず、反省していないことを示す証拠になります。

　したがって、書き直しを命じたり、提出されたものを本人に返却したりしないでください。

　もっとも、会社としても反省していない証拠を残すために始末書の提出を求めたわけではありません。従業員に反省して改善してもらいたいからこそ始末書の提出を求めています。したがって、始末書の内容が不十分だった場合や始末書の提出を拒否した場合は、あらためて会社から文書で、このような始末書の内容では不十分であることや、始末書を提出するに至った経緯、趣旨を伝えた方がよいと考えます。

【文例】
　当社は貴殿に対して、令和5年2月10日付で譴責の懲戒処分を行うとともに、始末書を2月17日までに提出するように通知しました。

しかし、貴殿から始末書が提出されたものの、その内容は今回の懲戒処分について反省しておらず、そもそもなぜ懲戒処分がなされたのかもきちんと理解していないように思われます。このような態度では、また同じようなミスが起きてしまう懸念があります。

　今回の懲戒処分は、貴殿が起こした（中略）というトラブルについて改善を求めるものです。指導を指導としてきちんと受け止め、改善してください。

◆まとめ

- 始末書の提出を求める場面は2つある。どちらの場面であるかを意識する。
- 始末書は、反省や謝罪を含むため、強制しない方がよい。始末書の提出拒否は処分対象とすべきではない。
- 顛末書は、事実関係の報告を求めるものなので業務指示として行える。顛末書の提出拒否は、業務指示違反として懲戒処分等の対象になり得る。
- 始末書の内容が不十分でも書き直しはさせない。ただ反省していないと同じミスを繰り返す可能性があるので、始末書提出を求めるに至った経緯を丁寧に文書で説明し、従業員に理解と反省を促す。

48 うつ病で療養中の従業員から「明日復帰します」と連絡があったら？

#怪我・病気　#休職　#復職　#聞き取り　#自己申告

　うつ病で１カ月の自宅療養（病欠）をしていた従業員から「１カ月の自宅療養ですっかり元気になりました。ご迷惑をおかけしました。明日から復帰します」と連絡がありました。この従業員の話し方や様子からは確かに回復しているように見えます。

　会社は、このような連絡があった場合、そのまま復帰させてよいのでしょうか。

【選択肢】

①元気になったのか？　それはよかった。それでは明日からよろしく。

②本当に大丈夫か？　まずは様子を見ながら無理せず働いてくれ。

③いや、まだ治っていないだろう？　復帰はまだダメだ。

④まずは診断書を提出してもらえるか。

（１）「１カ月の自宅療養を要する」の意味

　診断書に「１カ月の自宅療養を要する」などの記載があり

ますが、これは１カ月の自宅療養によって病気が回復することを保証するものではありません。

　あくまでも診断書を作成した時点での医師の見通しであり、回復するまでにそれ以上の期間を要することはよくあります。また、当初から回復までに相当な期間を要する可能性が高いものの、ひとまず１、２カ月の自宅療養が必要と記載されているケースもあり得ます。

　このように、復職を判断するにあたっては、診断書に記載されている療養期間があくまでも目安であり、そのとおりにならないこともあることを念頭に置いて検討をしましょう。

（2）「１カ月」で本当に治ったのか確認する

　そのため、従業員から「１カ月の自宅療養で元気になった」と言われても、その時点での判断材料は、当初の診断書の記載と本人の治ったという自己申告しかありません。このような材料だけで復帰させても問題ないと判断するのはリスクがあります。

　もちろん１カ月の自宅療養で本当に回復している人もいると思いますし、そういう場合はトラブルにはなりません。ただ、本当はまだ治っておらず、さらに休養したいけれど、これ以上は会社に迷惑をかけることになるから休めないと思ったり、これ以上休むと会社での居場所がなくなり辞めざる得なくなると誤解して、「治った」と自己申告して無理に出社しようとするケースがあります。

　それ以外にも、傷病手当金などでは生活が苦しいため、復帰して給料や残業代を得たいために「治った」と自己申告するケースもあります。

　このような場合に、無理して復帰をしてしまい体調がさらに悪化してしまったり、トラブルに発展した場合に、「なぜ会社は復帰時に体調の確認をきちんとしなかったのか?」と指摘されるリスクがあります。

　したがって、選択肢①のように、本人の言い分だけを信じて復帰させるのは望ましくないと言えます。

　また、選択肢②のように、本人の体調を気遣う発言をしている点や復帰後の業務については無理しないようにと配慮している点は評価できますが、それ以上に突っ込んだ確認をしていないので対応として不十分と言えます。

　なお「本当に大丈夫か?」と聞いた際に、従業員が「主治医はもう大丈夫と言っています」などのように、医師が大丈夫だと言っている旨の説明をすることもあります。ただこれも、従業員からの又聞きであり、会社が主治医に直接確認していないため、果たして本当に主治医がそう言っているのかどうかも不明であり、またどのような前提で医師が大丈夫と言っているのかも定かではないため、この発言のみを信じるのもリスクがあります。

　逆に選択肢③のように、医師に確認することなく、会社の判断で治っていないと決めつけるのも、医学的な根拠を欠くものであり望ましくありません。

以上から、会社として、丁寧に従業員の体調を確認し配慮したといえるためには、選択肢④のように、就労可能の診断書の提出を求めるべきです。また従業員には、就労可能の診断書が提出された場合であってもなお主治医面談や産業医面談の可能性があることも伝えておくべきです。

（3）長期の病気欠勤後の復帰プロセスを明確にしておく

　例えば病気休職からの復帰にあたっては、就業規則の「休職」項目に復帰ルールが詳細に定められている会社もあると思います。

　長期の病気欠勤後の復帰にあたりどのような手順を取るのかについて、そのプロセスをあらかじめ定めて従業員に説明しておくことが望ましいといえます。

　従業員は、自分が治ったと思えば復帰できる、主治医が治ったとの診断書を書いてくれれば復帰できると誤解していたことから、会社が慎重に判断しようとした際に「なぜ早く復帰させてくれないのか」とトラブルになるケースがあります。

　長期の病気欠勤後の復帰には就労可能の診断書の提出が必須であること、併せて主治医の診断書だけでは判断できないこと、場合によっては主治医面談、産業医面談、慣らし勤務など、会社が定めている復帰の手続きを経て、会社が問題ないと判断してはじめて復帰可能になることなどをあらかじめ従業員に伝えておき、誤解が原因のトラブルが発生しないようにしていただければと思います。

49 不正防止は性弱説で考える？

#解雇　#不正事案　#セクハラ　#パワハラ

（1）不正防止は性悪説ではなく性弱説で考える

　よく顧客企業の経営者から「私は性悪説で従業員を管理したくないのです。性善説で従業員を信じたいのです」と言われることがあります。

　しかし実際の社内不正事案では、悪い人間だから不正を行ったというよりも弱い人間だから不正を行ったという事例が多くを占めます。

　つまり、不正を行いやすいような環境に置いておくと人間は弱い生き物であるため不正に手を染めやすいのです。

　そのため、従業員の管理においては性悪説ではなく性弱説で考える必要があります。

　厳しいことを言えば、性善説という名目で何も管理せず放置をしている事例が散見されます。経営者が本当に従業員のことを考えるのであれば不正を行えないような環境を整備することが必要になります。

（2）対策の具体例
① 経理担当者による横領
　経理担当者による不正は様々なパターンがありますが、多くの事例では1人の担当者に任せきりになっており、その状態から魔が差してどんどん深みにはまることが多いようです。

＜対策＞

　このような状態に陥らせないために、経理担当者は少なくとも2人以上置き、収入関連の担当者と経費支出関連の担当者を分離して、ブラックボックスにならないような仕組みとしてお互い牽制し合うようにする必要があります。

② レジ担当者の現金窃盗
　レジ担当者が現金を盗んでしまうことがあります。一定割合で起きている印象があります。どうしても現金を扱っていると魔が差してしまう場合があるようです。

＜対策＞

　大手コンビニエンスストアや大手ファミリーレストランのレジなどで、レジの中の現金をレジ担当者が触ることができない仕組みになっているものがあります。これは私の憶測ですが、あえてレジ担当者に現金を触れさせないことで窃盗などを未然に防いでいるのでは無いかと思います。

③ 現金の着服

　顧客が担当者に、あるサービスの対価として代金を現金で支払う場合に担当者が現金を着服している事例が散見されます。これも現金の魔力ともいうべき事案で魔が差してしまうようです。

＜対策＞

　私はゴルフ保険に加入することがあり、担当者の方と面談して加入・更新しているのですが、ある時期から現金で支払うことができなくなりました。理由は教えてもらえませんでしたが、おそらく一定割合の何らかのトラブルが起きてしまうのだと思います。

　一方で、業種は明らかにできませんが、ほぼ100％現金取引のサービス業の顧問先企業では担当者による現金の着服が定期的に発生しております。現金取引の長所からどうしても現金取引を止めることができないとのことでした。

④ 店長がセクハラ・パワハラをする

　小売店などの店長がパート・アルバイトに対してセクハラ・パワハラを行う場合があります。もちろん一部の店長がセクハラ・パワハラを行うだけなのですが、企業によっては特定の大規模店舗で定期的に店長によるセクハラ・パワハラを行う場合があります。

＜対策＞

　セクハラ・パワハラ防止のための社内研修を行うことは当

然の事ですが、仕組みとしてセクハラ・パワハラが起きにくい仕組みを作ることも重要です。

　一部の店長のセクハラ・パワハラの内容を見ていると立場の弱いパート・アルバイトを標的にして、自分の採用・評価・勤務シフト作成権限を濫用している場合が多く見られます。大規模店舗であれば、かなりのパート・アルバイトの人事権を握ることもあります。そこで、大規模店舗の店長については、パート・アルバイトの採用・評価・シフト権限を縮小する、もしくは本社や別の管理職に移すなどして濫用の恐れのある権限を縮小することが考えられます。

　ある企業の事例では、店長のパート・アルバイトの上記権限を縮小したところ、以前のようなセクハラ・パワハラは無くなったことがあります。

⑤ 顧客への接客態度不良

　不正ではありませんが、従業員の顧客への接客態度不良が問題になることがあります。ところが、接客が顧客と一対一で行われる場合はなかなか実態がつかめずクレームが来て初めて発覚することになります。

＜対策＞

　中国の事例ですが、例えばスマホのアプリでタクシーを呼び出した場合、アプリで顧客が運転手の接客態度を評価することができます。評価点数によってはスマホによる呼び出し回数が減り、運転手の売り上げに響くことになります。その

ため、このスマホアプリの出現によりひどい態度、暴言などの事例はめっきり減るようになりました。

　また、このタクシーアプリにより、車の目的地までの通行記録が残り不要な遠回りを検証できるようになり、不要な遠回りのトラブルが減りました。

◆まとめ

　上記具体例からも、仕組みで人間の弱さを前提にして不正行為などを防止することが今後必要になると思います。ぜひ皆様もご検討いただければと思います。

パワハラ調査における事実認定の留意点！

#パワハラ　#聞き取り

　パワハラ防止措置に関する法律（労働施策総合推進法）の施行により、会社は、パワハラ防止措置を講ずることが義務付けられ、相談者からの相談に適切に対応することが求められます。しかしパワハラ調査のなかで非常に悩ましいのが「事実認定」です。

　調査の結果からはパワハラとまでは認定できない、そもそも前提となる事実があったかどうかが分からないというケースがあります。また、その結果を相談者に伝えると「納得できない、再調査をしてほしい」と要求されることもあります。

　パワハラ調査における事実認定の留意点についてご説明します。

（1）事実認定をするうえでのポイント

　当事者からヒアリングを行い、客観的な証拠があり、それらが証言と合致するなど、実際に起きた出来事と限りなく一致する形で真実を発見できることがパワハラ調査の理想です。

　しかし、会社は捜査機関ではないため調査には限界があります。また相談者の意向（加害者に知られたくない、報復が怖いので匿名希望等）を考慮したり、加害者とされる者による報復やさらなる被害を回避しながら調査を進める必要があるため、必ずしも真実にたどり着けるとは限りません。

　パワハラ調査を担当していると、「もし真実と違っていたらどうしよう」と悩むことがあります。事実認定をするうえでのポイントは、当事者が主張している事実が証拠から認定できるかどうかなのです。仮に相談者の証言が真実だったとしても、それを裏付ける証拠がなかったり、言った・言わないであったりする場合には、その事実があったと直ちに認定することは躊躇します。

　このように、ある事実が「あったと」も言い切れないし「なかった」とも言い切れないという事態が生じます。加えて当初は分からなかった事実や証拠が後になって出てくることもあり、それによって事実認定が変わる可能性もあります。ただ、これらは事実認定をするうえで避けられない事態であり、それ自体が問題ではありません。

（2）事実認定の材料
① 証言
　パワハラ調査をするうえで基本となるのが関係者の証言です。基本的にはまず相談者（被害者）からの話を聞くことになります。

次に、事案に応じて加害者に、または同僚などの第三者に話を聞くことになります。

　証言は重要な証拠であるものの、人の記憶に頼るものであるため、時間の経過とともに変遷したり忘れたりする可能性があること、動機によっては事実や記憶と異なる証言がなされる可能性があることから、証言のみに基づいて事実認定をする場合には慎重な吟味が必要です。特に被害者と加害者の証言が食い違うような場合には、それ以外の証拠からどちらの証言が信用できるかを調べていく必要があります。

② 証言を検討する際の留意点

　当事者、関係者から証言が得られた場合、各証言については、以下の事項を参考に検討します。

１）証言内容が一貫しているか（矛盾がないか、変遷がないか）

　　記憶に基づいているため、証言内容が矛盾したり、証言した内容が変遷したりすることがあります。矛盾や変遷が多い証言よりも、一貫して証言内容がブレていない方が実際に経験したことを記憶している可能性があるので証言の信用性が高まります。

　　ただ、これも程度問題であり、矛盾や変遷があるから直ちに信用できないというわけではないですし、一貫しているからといって必ずしも正しいとは限りません。

2）証言内容が迫真性に富んでいて具体的であるか

　実際に起こった出来事に関する証言がリアルで、経験した者でなければ分からないような証言内容であった場合には、その証言の信用性が高まります。

　また傾向として具体的な内容について証言ができる場合には、録音などの音声データが残っていることも多いです。

3）時系列の特定ができているか

　事実認定をするうえでは、日時の特定が不可欠です。出来事の日付であったり、時系列を明確にして証言できている場合は証言の信用性が高まります。

　具体的に日時まではハッキリ覚えていなくても、いつ頃であるとか、何かのエピソードの前後（○○部長が転勤するよりも前の出来事など）で特定できないかも試みます。

　一般的にパワハラをした方は覚えていなくても、パワハラされた方はよく覚えていることもありますが、被害者側が具体的な日付を細かく特定して証言しているような場合には、証言の信用性が高まります。

4）重要な部分の記憶が鮮明か

　細かい事実関係が曖昧であったり、事実と異なる部分があったとしても、それだけで証言が一切信用できないということにはなりません。

　ただし、直接のパワハラ行為であったり、その前後の印

象的な出来事についてどこまで鮮明に覚えているかも、証言の信用性を判断するうえで重要な要素です。

　ただ、被害者によってはつらい過去なので忘れようとしたということもあるため、ここも総合的な判断ということになります。

5）そのほか

　証言をする動機（積極的にウソをつく動機の有無）や、実際の出来事と証言の時間的な間隔（昔のことであれば記憶が薄れる）や複数証人の証言の一致状況なども含めて判断することになります。

③ **メール、録音、写真等、客観的な証拠**

　パワハラに限らずハラスメント事案において重要なのが、メールや録音などの客観的な証拠です。

　相談者からヒアリングをした際、パワハラを裏付けるこれらの客観的証拠を有している場合には、相談者から同意を得て、メール、録音、写真等のデータや紙媒体のコピーを受領し保存しておきましょう。

　携帯電話を紛失したり、故障したり、機種変更時に過去の履歴が失われたりする可能性があるので、本人だけに任せず、会社でも保存しておくことが望ましいです。

　これらの客観的な証拠と当事者の証言とを突き合わせて事実関係を確定していくのがよいでしょう。なお、LINE やメー

ルについては一部分のみを削除することができること、音声データについても編集で一部を切り取ったりすることが可能であることも踏まえ、これら客観的な証拠があったとしてもそれだけで安心せず、証言と証拠の裏付け作業をすべきです。

（3）証拠としての価値

事実認定をするうえで、証拠としての価値が高いのは、メール、録音、写真等の客観的な証拠です。これらがある場合、加害者としても、争っても自身が不利になるだけと判断して、正直に事実関係を認めることが多いです。

ただ、初めて加害者にヒアリングする際には、「こういう証拠があるんだけれど」という形で証拠を示すよりは、まずは淡々と事実関係を確認していった方が良いと思います。証拠を見せると、良くも悪くもその証拠に合わせた証言になってしまう可能性があるからです。

また、被害者と加害者の証言が一致している部分も事実認定しやすいです。いずれかに有利、不利な事実を双方が認めているという点で信用性が高いです。

なお、複数の目撃者の証言が一致している場合も事実認定しやすいですが、目撃者の利害が当事者の一方の利害と一致している場合もあるため、慎重に判断する必要があります。

被害者と加害者の証言が食い違い、目撃者がおらず被害者と加害者の証言「のみ」しかないような場合、その前後の当事者間のやり取りや、その様子に関する第三者の証言等を含

めて総合的に判断するしかなく、事案によって事実認定でき
るかどうか結論が変わるように思いますが、証言を裏付ける
証拠がないのに加害事実が「あった」と断定する事実認定は
難しいという印象です。

　いずれにしても、適切な調査を経たうえでの最後の事実認
定は、会社で自信をもって行っていただければよいと思いま
す。

51 ハラスメント調査委員会の
位置づけ！

#パワハラ　#セクハラ　#懲戒処分　#聞き取り

　パワハラ調査における事実認定の留意点に引続き、ハラスメント調査委員会の調査結果の取り扱いや位置づけについて解説いたします。

　ハラスメント相談があった後、会社がハラスメント調査委員会を立ち上げ、調査委員会が事実関係の調査等を行うことがあります。調査委員会のメンバーは社内の者だけでなく、外部の弁護士等も含んで構成されることもあります。

　この調査委員会から、ハラスメント「有り」との調査報告があった場合、会社はそのとおりハラスメントがあったと認定して良いでしょうか。以下では、ハラスメント「有り」との調査委員会の調査報告をもとに行った懲戒処分の有効性が争われた事案をご紹介します。

（1）事案の概要

　京都市（北部クリーンセンター）事件（平 22.8.26 大阪高裁判決）は、京都市長が京都市北部クリーンセンター関連施設プール管理運営協会事務局事務所長の職にあった職員に

対し〔1〕セクハラ行為、〔2〕タクシーチケットの私的流用、〔3〕物品販売手数料の簿外処理等があるとして、平成18年12月27日、地方公務員法第29条第1項各号により懲戒免職処分をしたものであり、その処分の取り消しを求めて争われた事案でした。

なお、以下の文中に控訴人、原告という言葉が出てきますが、これはいずれも当該職員を指します。

（2）調査報告書の内容

セクハラ行為については、セクシュアルハラスメント調査委員会の調査報告書があり、セクハラ行為を受けたとする女性臨時職員5名による次のような供述（概要）が記載されていました。

① 原告から勤務シフトなど仕事の話で本件施設内の和室に呼ばれて原告と2人きりになった。その場の話は、30分から長い時には2時間にも及び、最初の約10分間は仕事の話であったが、それ以降、セクハラ発言をされる。

② 具体的には、「やりたい」、「やらせろ」、「飯食べたあといいことしたる」、「わしのには真珠があるからいいぞ。試させたる」、「彼氏とどうや」、「他にいてもいいから、比べてみろ。おれはいいぞ。1回体験したら忘れられへん」、「女は足だけ広げていればいい」、「犯すぞ」、「お前が欲しい」、「お前は夜の蝶になれ」などと何度も言われ、嫌悪感、恐怖感、不信感、圧迫感等を感じ、体調不良になったり

する者もいた。

③ 他の職員から、原告によるセクハラ行為を受けていることを聞いていた。

④ セクハラ行為を受けた期間や回数は職員によって異なるが、概ね月2回程度であり、原告から受けた上記セクハラ行為は全体として平成15年度から平成18年度に至るまでの長期にわたっていた。

⑤ 5名の供述者とは別の女性臨時職員1名については、当該職員による直接の供述は記載されていないが、原告のセクハラ行為が原因で退職した旨を当該職員から聞いた旨の他の臨時職員の複数の伝聞供述が記載されている。

（3）調査報告書に対する裁判所の考え方

　裁判所は、調査委員会による調査方法がどうであったか、また、その結果をまとめた調査報告書の位置づけについて、それぞれ以下のように指摘しました。

① 調査報告書作成の前提となる調査方法

　「セクシュアルハラスメント調査委員会の第1回の審議において、控訴人に対する事情聴取がされたが、具体的なものは、「複数の証言で『やりたい』、『やらせろ』と言われたということがあるが、発言したことはないか」との質問くらいであって、その質問でも、控訴人からそのような発言を受けた相手方や時期は特定されていないし、それ以外の質問では、

抽象的に「セクハラ発言」の有無についての関係者からの事情聴取結果を示すだけに終わっている」。

　このように、裁判所は調査委員会による事情聴取の場面で時期の特定や具体的な発言の特定がなされていなかったと認定し、発言内容について具体的に本人に告げて弁明の機会を与えなかったと判断しました。

② 調査報告書の位置づけについて

　「本件調査報告書は、被控訴人の行財政局人事課課長補佐であったEが、控訴人からセクハラ発言を受けたという者から直接事情を聞き、職場の同僚等の供述によりこれが裏付けられたとして、控訴人のセクハラ発言を認定したものであるが、対立当事者による反対尋問を経ていない供述の信用性判断は慎重に行うべきものであり、また、本件調査報告書は、上記事情聴取の際の供述を録取した書面そのものではなく、上記Eら調査委員会の認識をまとめたものにすぎない」。

　このように、裁判所は調査報告書作成の前提となる調査において、きちんと相手方に具体的な事実を告げて弁明を与えずにまとめられたものであり、そのような調査報告書の位置づけとしては調査委員会の認識をまとめたものに過ぎないと判断しました。

③ 結論

　最終的には、「日常的に性的な内容を含む発言をしていた

という程度の心証を抱かせることはできるが、それが懲戒事由としてのセクハラ発言として、具体的に特定して認定し得るだけの証拠はないといわざるを得ない」と裁判所は判断しました。

（4）調査報告書のあり方

　この事案から分かることは、ハラスメント調査委員会の調査報告書も絶対ではないということです。

　この事案でいえば、調査委員会によるセクハラ調査の場面で、具体的な時期を特定し、発言内容を確認するなど突っ込んだ調査をすべきだったということになります。

　一方で、セクハラ調査の場面では、セクハラ被害を受けた従業員から自分の名前を出してほしくない、名前を出さなくても具体的なエピソードを伝えたら自分が証言したことが分かってしまうから抽象的に伝えてほしい等の申し出がなされます。被害者の意向も汲む必要があるので、どこまで相手に事実を伝えてよいか迷いますし、抽象的な確認しかできない場合もあり得ます。

　結局のところ、調査委員会がどこまで細かく調査したかによって、調査報告書の位置づけや評価を変える必要があるということです。したがって、会社としては、「調査報告書があるから、そのとおりに認定しておけば大丈夫」と安心せず、きちんと調査報告書の内容も吟味したうえで処分の可否、程度を決める必要があります。

パワハラ事案の ヒアリング対象者の選定どうする？

#パワハラ　#聞き取り

　会社から次のような質問がありました。

> 　パワハラ相談者が「パワハラ調査を実施するにあたっては、社員全員にヒアリングをしてください」と言っています。しかし問題となっているパワハラ行為は、営業部の上司と部下の業務中のやり取りのなかで生じたものです。営業部のメンバーにはヒアリングをする予定ですが、直接見聞きしていないであろう他部署の社員にもヒアリングをする必要があるのでしょうか？

（1）第三者へのヒアリングの必要性

　パワハラ調査においては、当事者（相談者と行為者）以外にも、当事者のヒアリング内容の裏付け等のために第三者（同僚や上司等）にヒアリングをすることがあります。

　第三者へのヒアリングのタイミングとしては、①相談者→②第三者（上司・同僚等）→③加害者／①相談者→②加害者→③第三者（上司・同僚等）の順が考えられます。

　相談者と行為者との間の出来事であり、かつ録音などの客

観的な証拠がある場合には、必ずしも第三者から先にヒアリングをしなくとも、相談者→行為者の順でヒアリングをし、そのうえで食い違いや普段の様子を確認するために第三者へのヒアリングを補充的に行うかどうかを検討します。

　一方で行為者が加害行為自体を否定する可能性が高かったり、普段の当事者間の関係をあらかじめ周りから聞いておいた方が良い場合には、相談者→第三者の順で情報を集めてから行為者にヒアリングをします。

　ヒアリングの順番は、事案に応じて柔軟に決定すべきです。

（2）ヒアリング目的を伝える

　第三者へのヒアリングに際して悩むのが、まだパワハラがあったかどうかがわからない段階で、当事者間でパワハラの問題が起きていて、それを調査しているということをどこまで詳細に伝えるかという点です。

　しかし、ヒアリング目的は明確に伝え、調査中であることを理由にヒアリング内容を他言してはならない旨を伝えたうえで実施すべきです。

　パワハラ調査においては、適切に調査したうえで、その情報をもとに適切な判断が求められます。

　ヒアリング目的が不明確なまま中途半端なヒアリングを実施してしまうと、本来、聞きたいことが聞けなかったり、ヒアリングを受けた第三者も会社が何を知りたいのかがよくわからず、必要な情報が出てこないことがあります。

中小企業でもパワハラ防止の措置義務が令和4年4月から施行され、パワハラ調査についても適切に行うことが求められます。

　第三者へのヒアリングを実施することがあることをパワハラ調査マニュアルに定め、必要な手続きであることを社内周知するなど、第三者ヒアリングの協力が得られる体制を整えておくべきです。

（3）ヒアリング対象者の決定

　ヒアリング対象者を決めるのは会社です。パワハラ調査のために必要な範囲でヒアリング対象者を決定します。

　まずは、問題となっているパワハラ行為の内容から、誰が事情をよく知っているかを確認します。相談者に対しては、この件について事情をよく知っているであろう人、実際にパワハラ行為を目撃している人などの名前を挙げてもらいます。

　具体的に名前が挙がった人については、相談者もヒアリングをしてほしいという意向が強いことが多く、相談者の納得感のためにも、その意向は尊重した方が良いです。

　もっとも会社としては、そこで名前が挙がらなかった人であって、事情を知っている可能性がある人をヒアリング対象とすることは構いません。相談者が名前を挙げた人は、自分（相談者）にとって不都合なことを言わない人のみを挙げている可能性もあるので、会社の方で客観的にヒアリングが必

要である人を選定しましょう。

(4) 全員にヒアリングしてほしいと言われたら

　例えば、行為者の普段の言動が良くないことはみんな知っているから、社員全員に聞いてほしいという要望が出ることがあります。特にハラスメント調査の結果に納得がいかなかった相談者が、改めて従業員全員にヒアリングをしてほしいと言ってくることもあります。

　しかし、上記のとおりヒアリング対象者も含めハラスメント調査の方法については、会社の判断で行うものであり、相談者の申し出に必ずしも拘束されるものではありません。具体的に問題になっているパワハラ行為について、目撃していたり、事情を知る立場にない場合には、相談者が申し出た人物に対してヒアリングをしなかったことをもって直ちに、会社のハラスメント調査に懈怠があったと判断されるものではありません（長崎県ほか（非常勤職員）事件／令3.8.25 長崎地裁判決参照）。

　したがって、相談者からの申し出に対しては、「本件について相談者からの事情聴取、事情を知っていると考えられる関係者への事情聴取、提出された資料を踏まえて判断しており、全社員へのヒアリングは実施しないものの、本件についての調査は適切になされている」旨の説明を丁寧に行い、理解を求めましょう。

53 職場内での秘密録音は裁判で証拠になる？

#訴訟　#パワハラ　#解雇　#就業規則

　最近の労働事件では、社内での会話や当事者間のやり取りが録音されたデータが証拠として出てくることがあります。特にパワーハラスメントや解雇の事案では、その生々しいやり取りが全て録音に残っており、裁判所が事実認定をするうえで重要な証拠となります。

　しかし、これらのほとんどは、相手の同意を得ずに録音をしています。このような相手の同意を得ずに録音されたデータは、裁判の証拠として利用できる（専門的な用語で「証拠能力を有する」）のでしょうか？

（1）原則として証拠として利用できる

　相手の同意を得ない録音も、裁判所は、民事訴訟法上に特段これを制限する規定がないので、一般的には証拠として利用できると考えています（エールフランス事件／平 6.1.26 千葉地裁判決）。もっとも、裁判所も全くの無制限でこれを利用できるとは考えておらず、「著しく反社会的な方法を用いて収集された」場合は利用できないと考えています。

　この事案では、暴力行為の事実を証拠として残す目的で
あったこと、職場という密室で行われており、これに対抗す
る手段として録音したものであったこと、このような状況下
で暴力行為等を確たる証拠として残す手段としては録音が有
効かつ簡単な方法であったこと、録音テープの証拠能力を否
定すれば相手方の違法行為を究明できないことになって、か
えって正義に反する結果となること等を指摘し、「著しく反
社会的な方法を用いて収集された」ものとは判断せず、証拠
としての利用を認めました。

（2）証拠として利用できない場合もある

　では、どのような場合に証拠として利用できないのでしょ
うか。東京高裁平成28年5月19日判決（平28（ネ）第
399号）は、学校が設置したハラスメント防止委員会の審
議（非公開で録音しない運用）における委員の発言を何者か
が無断録音したという事案で、裁判所は証拠として利用でき
ないと判断しました。

　この裁判所も、前述の裁判例と同様、民事訴訟法が一般的
に証拠能力を制限する規定を設けていないことから、違法に
収集された証拠であっても、それだけで直ちに証拠能力が否
定されることはないと述べました。

　しかしながら、「いかなる違法収集証拠もその証拠能力を
否定されることはないとすると、私人による違法行為を助長
し、法秩序の維持を目的とする裁判制度の趣旨に悖る結果と

もなりかねないのであり、民事訴訟における公正性の要請、当事者の信義誠実義務に照らすと、当該証拠の収集の方法及び態様、違法な証拠収集によって侵害される権利利益の要保護性、当該証拠の訴訟における証拠としての重要性等の諸般の事情を総合考慮し、当該証拠を採用することが訴訟上の信義則（民事訴訟法2条）に反すると言える場合には、例外として、当該違法収集証拠の証拠能力が否定されると解するのが相当である」として、事案ごとに証拠として利用できるか否かを総合的に判断すべきだという考え方を示しました。

　この事案では、ハラスメント防止委員会の性質を重くとらえ、「ハラスメントの調査及びそれに基づくハラスメント認定という職務を担い、その際にハラスメントに関係する者のセンシティブな情報や事実関係を扱うものであるところ、このような職務を行う委員会の認定判断の客観性、信頼性を確保するには、審議において自由に発言し、討議できることが保障されている必要がある一方、その扱う事項や情報等の点において、ハラスメントの申立人及び被申立人並びに関係者のプライバシーや人格権の保護も重要課題の一つであり、そのためには各委員の守秘義務、審議の秘密は欠くことのできないものというべきである」、「委員会における審議の秘密は、委員会制度の根幹に関わるものであり、秘匿されるべき必要性が特に高いものといわなければならない」とし、これに比較して録音データの証拠としての価値が乏しいとして、証拠として排除すべきであると判断しました。

（3）社内ルールを定めてもよい

　日常的に、就業時間中に録音をしている従業員がいる場合はどのように対応すれば良いでしょうか。

　会社には施設管理権があり、その施設を利用するにあたってのルールを定めておくことができます。また、従業員は雇用契約上の義務として、会社の定めたルールに従い、誠実に労務提供をする義務があります。

　就業時間中の録音行為は、業務に関する円滑な会話ができなかったり、自由な発言を阻害しコミュニケーションに支障が生じたりすることも想定されるので、就業時間中に許可なく録音行為をしないよう服務規律で定めておくことはできると考えます。

　もっとも、紹介した裁判例のように、秘密で録音する必要がある場合もあることから、仮にルールに違反して録音をしていたことが発覚した場合でも、ルール違反に対してどのような処分をするのかについては、処分の可否も含めて慎重に検討することが必要です。

54 問題社員対応に関する主要な認知バイアスとは？

#注意指導　　#問題社員

（1）問題社員対応と認知バイアス

　物事の判断が、直感やこれまでの経験にもとづく先入観によって非合理的になる心理現象を認知バイアスと言います。主に認知心理学や社会心理学などの分野で用いられ、脳に余計な負担を与えないための機能や工夫でもあると言われています。

　問題社員やローパフォーマー社員と言われている方については、このような認知バイアスが関わっているのではないかという気がします。

　例えば、業務上のミスを指摘すると「私は悪くない」、「会社がそもそもこのような仕事を引き受けているのがおかしい」などと反論したり、会社が以前同じように注意したことを指摘すると「聞いていない」、「そのようなことは言われたことがない」と述べるなどして、責任逃れに終始したり、客観的な事実に反した主張をします。

　そこで以下、問題社員対応に関係する代表的な認知バイアスを取り上げ、ぜひ皆様に自社の事例にあてはまるか考えて

いただきたいと思います。

（2）問題社員対応に関係する認知バイアス
① 根本的な帰属の誤り

　他者の行動を説明する際、個人的な特徴や性格などの内的な要因を過剰に重視してしまうことを指します。

　例えば、友人と一緒に面接を受けて、２人とも不合格だったと仮定します。自分が採用されなかったのは、たまたま寝不足、あら探しをされて緊張したからと考え、友人については「能力不足だからだろう」と考えることがあります。

　無関係な外的要因で失敗を正当化しようとし、他人についてはその人に落ち度があるからだろうと考えます。つまり、他人の成功については厳しい、自分の失敗に対しては甘いのです。

② 自己奉仕バイアス

　これは、「自分の成功は内的帰属（性格や気質に原因を求める）するのに対し、自分の失敗について考える時は外的帰属（状況に原因を求める）する傾向」のことを指します。

　つまり「うまく行ったのは私が頑張ったから。うまく行かなかったのは運が悪かったから」と考える傾向のことを指します。

　問題社員対応で会社と対象従業員とで話が嚙み合わないのは、この自己奉仕バイアスの影響によるところが多いです。

③ 確証バイアス

　認知心理学や社会心理学における用語で、仮説や信念を検証する際にそれを支持する情報ばかりを集め、反証する情報を無視または集めようとしない傾向のことを指します。認知バイアスの一種であり、その結果として稀な事象の起こる確率を過大評価しがちであることも知られています。

　問題社員対応で自分の問題行動に自覚が無いのは、この確証バイアスにより自分に都合の悪い情報を無意識に無視してしまうからです。

④ 計画錯誤

　人は、過去に計画通りに進まずに失敗した経験が繰り返しあったとしても、新たな計画を立てる際に楽観的な予測をする傾向にあります。これを計画錯誤と言います。

　計画錯誤が厄介なのは、失敗した経験が生かされないことです。たいていの場合、物事は計画通りには進みません。予測しなかったトラブルが生じたり、他の仕事が舞い込んできたりといったことが多々あります。

　それでも私たちは、新たな計画を立てる時に最善の状況を想定してしまいます。人間は障害を過小評価する傾向が強いのです。そして、同じ間違いを何度も繰り返してしまうのです。

⑤ ダニングクルーガー効果

　ダニングクルーガー効果とは、能力の低い人は自分を過大評価し、能力の高い人は自分を過小評価するという心理現象です。

　ダニングクルーガー効果は、心理学者であるデヴィッド・ダニングとジャスティン・クルーガーの2人が、学生を集めて行った実験で見出された現象です。

　彼らは米コーネル大学の学生に対して「ユーモア」、「論理的思考」、「英文法」の3種目のテストを実施し、さらに自分の成績が全体のうちどの程度なのかを予想してもらいました。

　本人の自己評価と実際の評価を照らし合わせていった結果、3種目すべてにて、実際の評価が低い学生ほど自己評価が高く、実際の評価が高い学生ほど自己評価は低くなったという現象が起こったのです。

＜具体例＞
・テストの予想点数が80点だったが、結果は50点だった。
・自分の運転技術は人並み以上だ！
・周りから技術を評価されているが、自分では「いや、まだまだだ！」と評価する。

　問題社員対応においても、皆さん自己評価が高いことが多く、このダニングクルーガー効果には頷ける点があります。

（3）対策

　では、どうしたらこのような認知バイアスの影響を極力少なくできるのでしょうか。

　私は、いわゆる問題社員やローパフォーマー社員対応のために、日報を使用して日々の業務記録をつけてもらい、上司がコメントをつけていきます。

　日報を自分でつけることで客観的事実を認識するに至るのではないか、認知バイアスが幾分和らぐのではないかと考えています。

　実際に、いわゆる日報をつけてもらうと最初は反発されるのですが、途中から皆さん大人しくなることが多く、多くの場合話し合いも冷静に出来ます。

　客観的事実を認識してもらうと問題社員対応やローパフォーマー社員対応においても落ち着くべき結論に落ち着くのではないかと考えます。

55 解雇に至る最後の一押しが難しい？

#解雇　#注意指導　#懲戒処分　#問題社員　#解雇無効

（1）解雇に至る最後の一押しの難しさ

　解雇に至る実務対応においては、以下のプロセスを経るべきであると言われております。

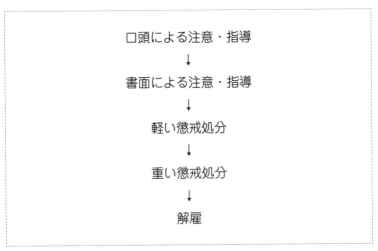

口頭による注意・指導
↓
書面による注意・指導
↓
軽い懲戒処分
↓
重い懲戒処分
↓
解雇

　ところが、実際にこの通りにプロセスを踏んだとしても解雇が無効とされてしまう場合もあります。

　特に難しいのは最後の解雇をするという意思決定です。このような問題行動を起こす従業員は、定期的に問題行動を起

こすため、どの時点で対象従業員との労働契約を解消するのか非常に判断が難しいのです。

　解雇まで至れば、法的紛争になり訴訟にまで至る可能性もあり慎重に判断することになります。

（2）みずほビジネスパートナー事件
① 事案

　みずほビジネスパートナー事件（令2.9.16 東京地裁判決）は過去に窃盗で7日間の出勤停止、その後にも2名の女性に対するセクハラで2週間の出勤停止と、計2回の懲戒処分を受けていた者が、業務上のミスも繰り返し、さらにセクハラ的言動を繰り返したことから普通解雇された事案です。

② 裁判所の判断

　裁判所は、①半年間にわたり「可愛い、素敵」、「今度食事に行こうね」、「メールアドレス教えてほしい」と繰り返し述べる、自分のメールアドレスを書いた名刺を強引に渡す、②女性社員の携帯番号を教えられていないにもかかわらず、懇親会後に「無事帰れてますか？」などのショートメールを送信する、正月休み中に「最後の日にご挨拶できずにすみませんでした。今年もよろしくお願いします」とショートメールを送信する、③女性社員のジャケットを見て「季節が変わりましたね」、「素敵なスカートですね」と発言する、女性社員から「今、そんなことは言えないのでは」と問いただされる

も無反応、④急いで階段を降りる女性社員に対して後ろから「速いですね。スポーツされている足ですね」、「筋肉質な足ですね」との事実を認定しました。⑤女性社員に対し「○○さんは可愛い」などと執拗に述べる、女性社員の肩に触れる、「食事に行こう」などと誘う、⑥女性社員個人の携帯番号を教えられていないにもかかわらず、ショートメールを送信する、⑦違う女性社員に対して同じく番号を教えられていないにもかかわらずショートメールを送信するという言動については供述者匿名の伝聞証拠にもとづくものであり反対尋問ができず、事実は認められないと判断しました。

判決は①～④の事実関係については認定しましたが、①以外はセクハラには該当しないとし、また、①についても直接的な性的言葉や身体的接触を伴うような悪質なものではないとして、いまだ会社と当該社員との間の信頼関係は破壊されたとまでは言えないため、解雇は無効であると判断しました。

（3）なぜ解雇が無効になったのか？

私個人の感覚では、使用者側で労働事件に関与しているということもあるかもしれませんが、過去の窃盗、セクハラでの懲戒歴の存在、セクハラかどうかは置いておいて、女性従業員が嫌がる行為を行っていたのに、なぜ解雇無効となるのか理解に苦しみます。

一方、私なりに解雇が無効になった理由を考えてみますと以下の点が挙げられると思います。

- セクハラと評価された「①半年間にわたり「可愛い、素敵」、「今度食事に行こうね」、「メールアドレス教えてほしい」と繰り返し述べる、自分のメールアドレスを書いた名刺を強引に渡す」行為は過去のセクハラによる懲戒処分よりも前になされた行為であり、やや解雇の理由としては弱い気がします。
- セクハラ行為の他に会社は業務上のミスを36個も主張しましたが、原告のミスと認められないものもあり、ミスと認められたものについても軽微なミスでした。
- 解雇を目的として会社が証拠を積み重ねたと裁判官が感じたのではないかと思われ、セクハラ行為については1〜2年前の事実を解雇前にヒアリングして判明したものがほとんどでした。
- また、形式的には本人は反省文を都度提出しており、外形上は反省しているように見えました。セクハラ行為も認めるべき点は認めていました。

　上記から、私なりに解雇が無効になった理由を推測すると、会社としては解雇という結論が先にあり、そのために証拠を集めた可能性が高く、そしてその証拠が解雇の決定打になるような重大なものがなかったことが解雇無効となった理由ではないかと推測します。

　では、どうしたら良かったのでしょうか。私が相談を受けていたとしても、解雇可能とアドバイスしていたかもしれま

せん。非常に難しい判断だったと思います。

　本件において、裁判所は非違行為があったことは認めつつ
も、比較的以前の話であることを強調しております。時系列
で事実を並べてみると解雇まで行うには今一歩理由が足りな
いと判断したものと思われます。

　会社側として、解雇前に行うべき一つの方法としては、時
系列で起きた出来事を並べてみるということを行ってみても
良いかもしれません。意外と時系列で事実を並べてみると、
空白の期間があったり、最近は思ったほど非違行為が無いと
いうことに気付いたりすることがあります。

　解雇するべきか否か判断に迷った場合はぜひ時系列で事実
を並べてみることをお勧めします。

56 パワハラ調査と自宅待機命令

#パワハラ　#業務命令　#就業規則　#給料

【トラブル事例】

　相談者から「同じ部署の上司からパワハラを受けた」との相談がハラスメント窓口にありました。これから当該上司を含む部署のメンバーにヒアリングを実施する予定です。現時点でパワハラがあったかどうかは分かりませんが、パワハラ認定された場合を想定して行為者と相談者の接触を避ける必要があると考え、自宅待機命令を検討しています。そこで次の点について、会社はどのように考えれば良いのでしょうか。

①当社の就業規則には自宅待機命令の規定がありませんが、自宅待機命令を発令することはできますか？

②パワハラがあったかどうか分からない時点で自宅待機命令を発令しても良いのでしょうか？

③その際の賃金についてはどのように考えるべきでしょうか？

（1）自宅待機命令は可能

　ここでいう自宅待機命令は、懲戒処分としての出勤停止ではなく、あくまで業務上の必要性に基づく業務命令の一種と

考えられるため、就業規則に自宅待機命令に関する規定がな
くとも発令することができます。

その日の業務内容を出社して行う通常業務ではなく、自宅
にいて会社から何か連絡があった場合にはすぐに対応できる
ように待機せよという業務命令です。

もともと従業員には、雇用契約上、使用者に対して自らの
就労を求める権利（就労請求権）は原則としてなく、むしろ
労務提供義務があります（従業員が有しているのは労務提供
したことに対する賃金請求権）。したがって、従業員がどう
しても出社して働きたいと主張してもそのような権利は原則
として認められるものではありません。

もっとも自宅待機命令も業務命令である以上、必要性のな
い業務命令や裁量を逸脱した業務命令の場合には、業務命令
権の濫用として違法となる可能性があります。

例えば、業務内容が専門的であり一定期間その業務から離
れてしまうことでその能力を維持することが困難であるよう
な場合など就労することについて特段の利益があるような場
合や、そうでないとしても自宅待機命令が目的や期間等に照
らして理由がないような場合には違法になり得ます。

このように自宅待機命令は就業規則の根拠がなくてもでき
ますが、その目的や期間等を踏まえて適切に発令するように
しましょう。また、懲戒処分としての出勤停止とは異なるた
め、「出勤停止」や「自宅謹慎」など懲戒処分と従業員が誤
解するような文言は用いない方が望ましいです。

（2）パワハラ調査のための自宅待機

　パワハラ調査のために行為者を自宅待機させる必要性については、行為者と相談者間の接触を回避する目的、行為者が同僚らに対して報復や圧力をかけることを防止する目的、証拠隠滅を防ぐ目的など、円滑な調査を遂行するために自宅待機命令を発令する必要性はあると考えます。

　一方で、パワハラ調査の段階では、まだ行為者によるパワハラの事実があったかどうかは分からないこと（もしかするとパワハラが認定できない可能性もあること）から慎重にその必要性を判断すべきです。そのためパワハラ相談内容（深刻か軽微か）やそれを裏付ける証拠の有無（すでに会社に証拠が提出され証拠隠滅の恐れが少ない）や行為者の態度（行為を認めているか、全面的に争っているか）などを踏まえて自宅待機命令を発令するかどうかを検討すべきと考えます。

　事案によってはそのまま自宅待機命令を発令することなく通常業務をしながらパワハラ調査をすることもあります。また、自宅待機命令ではなく在宅勤務を命じて在宅で業務を行ってもらうように命ずることもあります。

　なお、パワハラ調査がすべて終了し、行為者による具体的なパワハラ行為が認定できた場合に、懲戒処分の審査を行うにあたって、行為者の処遇の検討や相談者との接触を避けるためにその時点で行為者に対して自宅待機命令を発令することもあります。

（3）自宅待機命令中の賃金について

　自宅待機命令は、上記のとおりその日の業務内容を出社して行う通常業務ではなく、自宅に待機して会社から何か連絡があればすぐに対応できるように待機せよという業務を命ずるものであり、基本的には賃金支払義務が生じます。

　もっとも、使用者が労働者の出勤を受け入れないことに正当な理由がある時は、労務提供の受領を拒んでも、これによる労務提供の履行不能が使用者の「責めに帰すべき事由」（民法第536条第2項）によるとはいえないことから使用者は賃金支払義務を負いません。

　このように自宅待機命令中の賃金支払義務については、無給で良いという考え、休業手当の考えに従って6割で良いという考え、10割支給が原則という考え、それぞれあります。

　しかし、パワハラ調査の段階における自宅待機命令については、その時点でパワハラの事実が確定しているわけではなく、あくまで会社判断として双方を現時点で接触させないこと、円滑に調査を進めるという観点から発令されたものと考えられるため、この場合には賃金支払義務があると考えます。

57 不正調査と自宅待機命令

【トラブル事例】

　当社の社長室宛に次のような匿名文書が届きました。「営業部のA部長が取引先X社と共謀してキックバックを得ている。その手口は（省略）であり、このような不正をこのまま見過ごすわけにはいかない。調査をして厳正な処分をしてほしい」

　この文書には、内部の者でなければ知らない業務内容に関する細かい情報が記載されており、それなりに信憑性が高いものでした。これから水面下で調査を開始したいと思っていますが、証拠隠滅等の防止の観点からA部長を自宅待機させることを検討しています。そこで次の点について、会社はどのように考えれば良いのでしょうか。

（相談内容）

①自宅待機命令を発令するタイミングはいつが良いでしょうか？

②自宅待機命令にA部長が従わない場合にはどうすれば良いでしょうか？

③自宅待機命令中の賃金についてはどのように考えるべきでしょうか？

（1）不正調査のための自宅待機命令の時期

　トラブル事例のように匿名文書をきっかけに調査を開始する場合、その内容の信憑性も含めて会社は慎重に判断する必要があります。また、いきなりこの匿名文書をA部長に見せても、言い逃れをしたり、証拠を隠滅されてしまう可能性が高まります。このような場合、A部長に内容について確認をする前に、A部長がかかわっている取引先の情報、請求内容や納品量などについて不自然な点がないかどうかなど会社でできる調査を水面下で行います。

　そのため、この時点で自宅待機命令を発令してしまうとA部長が「会社に不正がバレた」と気づき、証拠隠滅を図る可能性が高まります。

　もちろん事案によります（さらなる不正を直ちに防ぐ必要がある場合などは、直ちに自宅待機命令を発令すべきです）が、その時点では自宅待機命令を発令せず、普通に勤務をしてもらいながら調査を進めるという方法もあります。その場合は会社貸与のパソコンの調査（場合によってはハードディスクのコピー）なども並行して行います。

　そして調査により事実関係が明らかになり証拠隠滅ができなくなった段階でA部長にヒアリングを実施し、その後に自宅待機命令を発令するという流れになります。

　なお **56** の（1）の通り、自宅待機命令の発令については、原則として業務命令として就業規則の根拠がなくとも行うことができます。

（2）自宅待機命令に従わない場合

しかしＡ部長に不正に関する調査結果を告げても、不正を認めず自宅待機命令にも応じない、明日からも通常通り出社すると主張してくることがあり得ます。そのような場合に備えて、下記のような自宅待機命令書を作成し、会社として明確に自宅待機命令を発令したこと、仮に会社に出社して作業をしたとしても正式な労務提供としては受け取らないことを明確にしておいた方が良いです。

なお、無理やり会社に出社してきたＡ部長を押し返すなど会社側が有形力を行使してしまうと暴行罪や傷害罪等になり得るので避けてください。

自宅待機命令書

会社は貴殿に対し、下記の通り自宅待機を命じる。会社への立ち入り、取引先他会社関係者との接触を一切禁ずる。仮に出社したとしても労務提供とは認めない。

記

（1）自宅待機期間

　令和　　年　　月　　日から

　令和　　年　　月　　日までの　　日間

（ただし自宅待機の期間は、延長又は短縮することがある）

（2）自宅待機理由

　本件問題についての調査及び懲罰委員会での審議・決定のため

（3）待機期間中の賃金

　　通常通りの賃金を支給する

（4）自宅待機期間中の留意点

・自宅待機期間中午前9時〜午後5時30分までは自宅にて待機し、会社から連絡があればすぐに対応すること

・上記時間中に会社から出社を求められたら直ちに対応できるように準備しておくこと

・休憩時間に該当する正午から1時間については、制限を解除する

（3）自宅待機中の賃金について

　このような不正事案の調査や懲戒処分の審査のために自宅待機を命じ、その場合には賃金を支払わないというような規定を就業規則に定めている会社があります。このような定め自体が直ちに違法になるわけではありませんが、その運用（賃金を支払わない運用）は慎重に判断すべきです。

　ナック事件（平30.1.5 東京地裁判決）では、上記のような趣旨の規定に基づく無給の出勤停止を正当な理由があるとしています。裁判所は「使用者が労働者に自宅待機や出勤禁止を命じて労働者から労務提供を受領することを拒んでも当然に賃金支払義務を免れるものではないが、使用者が労働者の出勤を受け入れないことに正当な理由があるときは、労務提供の受領を拒んでも、これによる労務提供の履行不能が使用者の「責めに帰すべき事由」（民法第536条第2項）によ

るとはいえないから、使用者は賃金支払義務を負わない」と述べたうえで、同事案では「原告は、それまでにも不当営業活動を行って、始末書の提出を命じられたり、減給処分を受けたりしていたにもかかわらず、顧客に対し意図的に被告が容認しない契約内容を説明する、被告の社印を悪用して被告が容認しない念書や覚書や不実の議事録を作成する、被告の事務手続を意図的に妨げるなどの不当営業活動を繰り返し、その結果、顧客から苦情が寄せられ、また、被告のノウハウ情報の経済的価値が毀損されているおそれが生じており、懲戒解雇を含む重い懲戒処分に付することが想定されたことが認められるから、原告の不当営業活動に対する調査、証拠隠滅の防止、懲戒処分の検討及び不当営業活動の再発防止を要し、そのため原告の出勤を禁止する必要があったというべきであり、（中略）本件自宅待機は正当な理由があるというべきである。」と判断しています。

　一方でJTB事件（令3.4.13東京地裁判決）では、「所属長は所属員の不正事故を確認した場合は、事故内容調査中及び懲戒審査中、その出勤を停止することができます。出勤停止中の給与は、月収の日割り賃金×出勤停止日数×6割を計算して支給します」との規定に基づいて実施した出勤停止を違法と判断しています。裁判所は「原告が（中略）出勤したとしても、自宅待機の場合に比べて、口裏合わせ等の証拠隠滅等のおそれが高まるとは考え難い。本件で、原告の出勤を禁止しなければならない差し迫った合理的な理由があったと

までは認め難いといわざるを得ない。本件出勤停止命令は、本件不正受給の調査やこれに関する懲戒審査の円滑な遂行、職場秩序維持の観点から執られたものではあるものの、なお被告の業務上の都合によって命じられたものというべきであり、被告は、本件出勤停止命令後も賃金支払義務を免れないというべきである」として6割の支給でも足りないと判断しています。

　このように不正調査や懲戒処分の審査のためであっても、必ずしも自宅待機命令中の賃金を支払わなくてもよいという判断にはならないため、自宅待機命令中の賃金については事案ごとに慎重に判断した方が良いでしょう。

58 従業員への謝罪方法とは？

#謝罪　#パワハラ　#訴訟

【トラブル事例】

　ある従業員から上司のパワハラについて相談があり、会社は適切にパワハラ調査を行いました。その結果、当該従業員にミスが多かったことから上司の指導に多少熱がこもりすぎたところがあったもののパワハラとまでは認定できないとの結論に至りました。

　そこで会社は、当該従業員にその旨を伝えるとともに、上司には指導方法を配慮するように口頭で注意指導しました。

　ところが当該従業員からは「納得できない、配慮が足りない指導だと会社も認めているのだからパワハラであり、パワハラを認めて謝罪してほしい」と言ってきました。

　当社としてはパワハラとまで認定できないのに、パワハラについて謝罪しなければならないのでしょうか？

（1）パワハラを検討する際の視点

　当該従業員は、配慮が足りない指導＝パワハラと考えているようですが、パワハラが問題になる場面は複数あり、どの場面の議論をしているのかについて誤解があると議論が噛み

合いません。

　すなわちパワハラ問題は、①パワハラではないが望ましくない（改善すべき）行為、②パワハラに該当し社内的な処遇を検討すべき行為、③パワハラに該当し民事上の慰謝料を発生させる行為、④パワハラに該当し刑事上の犯罪に該当する行為、⑤パワハラに該当し精神障害の労災認定基準のパワハラに該当する行為、など検討すべき視点が様々あります。

　今回の質問の例は、①のパワハラではないが望ましくない行為に該当するものの、②以下のパワハラには該当しないという場合です。

（2）パワハラと認定できない場合の謝罪方法

　では①の場合、パワハラではないので会社は謝罪しなくても良いのでしょうか?

　どうしても「謝罪＝会社の責任」と考えてしまい、かつ、パワハラとまで認定できない以上は謝罪する必要がないと考えてしまいます。確かに従業員によってはそのような謝罪があったことの言質をとって法的責任を追及してくることもあるため慎重に検討すべき場合もあります。

　しかし、従業員と感情的な対立が残ったまま雇用を継続することは望ましくありません。何らかの謝罪をすることで関係が改善されるのであれば謝罪も検討すべきです。

　今回のような場合には、「何を認めて」、「何に対して」、謝罪するかを明確にしておけば、さほど神経質になる必要はあ

りません。もちろんパワハラが認定できないのに、パワハラを認めて謝罪する必要はありません。

（3）謝罪文言例

　パワハラと認定できない場合の謝罪文言例をいくつかご紹介します。

① 本件問題に至ったことについて遺憾の意を表する。
（コメント）
　パワハラを認めての謝罪ではなく、パワハラ問題が生じて解決まで一定の時間がかかったことや、この問題で当該従業員が悩んだことについての謝罪をするものです。

② 本件言動によって、当該従業員を不快にさせたことについて遺憾の意を表する。
（コメント）
　パワハラには該当しないものの、その言動で本人が不快に思うことはあり得ますので、そのことについて謝罪するものです。これもパワハラを認めるものでありません。

③ 本件言動が、パワハラと受け取られるような言動であったことについて遺憾の意を表する。
（コメント）
　これは上記②より踏み込んだ表現です。当該従業員が感情

的になりパワハラという言葉を使ってくれないと納得できないという場合のギリギリの表現です。

　パワハラではないものの、本人がパワハラだと受け止めてしまうようなものだったことについての謝罪です。

④ **指導の際に、本人の状況等を踏まえてより配慮すべきであったことについて遺憾の意を表する。**
（コメント）

　これも「不適切」な指導ではなく、パワハラではないものの、本人の個性等を踏まえてもう少し配慮した方がより望ましかったということについての謝罪です。

　実際にはこれらの謝罪でも当該従業員が納得しない場合もあります。そのような場合は、適切にパワハラ調査を行い、適切に事実認定したことを説明して納得していただくしかありません。

　それでも当該従業員が納得できずパワハラであると争ってきた時は、訴訟等の場で会社の判断に誤りがなかったことを立証していく必要がありますので、これらの調査過程や調査結果等についての証拠を残しておくことが重要です。

**論より証拠・北風と太陽
〜試し出勤制度の有用性〜**

#試し出勤　#怪我・病気　#休職　#復職　#退職勧奨

（1）試し出勤とは

　いわゆる試し出勤には多種多様な形態があります。

　厚生労働省が発表している「改訂・心の健康問題により休業した労働者の職場復帰支援の手引き」では、模擬出勤、通勤訓練、試し出勤がその例として挙げられています。狭義の試し出勤制度とは、仕事の内容や勤務時間帯を徐々に広めながら、従業員に実際に職場で働いてもらう方法を指します。

（2）論より証拠・北風と太陽
　〜試し出勤制度の有用性〜

　弊所に依頼していただく案件は紛争性が強い案件が多いのですが、明らかに体調からして職場復帰できないように思えるのに、本人が強硬に復職を希望し、主治医もそれに同調する診断書を書くことがあります。

　以前、私は、専門医に診断を依頼し、復職不可との意見をもらった上で争っていましたが、残念ながら主治医の診断の信用性を崩すことは難しく、会社が敗訴することもありまし

た。

　ある時、ある顧客企業が試し出勤をあえて行い、円満に合意退職に導くことができた事例がありました。どのような事例だったかというと、休職者は工場で働いていて、ある作業を担当していましたが、うつ病で休職や復職を繰り返し、数回目の復職を希望してきました。会社としても我慢の限界に近づいていました。そこで、顧客企業人事担当者が、試し出勤において実際に復職後に想定される業務を行わせて、詳細にその作業データを取ることにしました。その企業では試し出勤による勤務は軽作業のみを行わせていたのですが、当該人事担当者の発案で思い切って復職後に想定される業務を、負担を軽くしながらも行わせたのです。

　もっとも、作業負担は軽減して業務を行ってもらうことにして本人の同意を得ました。実際に試し出勤で勤務を行ってもらったところ、作業速度は極めて遅く、まったく業務が進みません。本人も休憩を要求し、業務自体を続けることができなくなってしまいました。このような状態が数日続いたところ、当該休職者は会社に出勤しなくなってしまいました。そこで、当該人事担当者が退職勧奨を行い、円満に合意退職に至りました。

　当時はあまり厳しくパワハラなどが問題にならない時代ではありましたが、当該人事担当者はかなり丁寧にコミュニケーションを取りながら試し出勤による勤務を行わせていました。私は、なるほど「論より証拠」が一番紛争解決には適

しているのではないか、つまり実際に仕事を一部試しに行ってもらう、かつ優しく丁寧に試し出勤をお膳立てし、休職者本人や主治医の言い分も取り入れることで言い訳が出来なくなってしまうのではないかと思いました。つまり、北風と太陽の童話の様に、厳しく休職者に接するのでは無く丁寧に接することで問題解決につながるのではないかと思いました。

そこで、試し出勤制度を顧客企業に提案し、休職者の同意を得た上で試し出勤を実施しました。そうしたところ、意外な結果が起きました。

私の経験した事例だと3分の2は試し出勤に事実上応じないという意外な事が起きました。対象となる休職者は、理由を色々述べてくるのですが、要するに試し出勤の会社指定の業務は担当したくないと主張をしてきたのです。

おそらく、私の想像ですが、自分の体調が戻っていないことがあからさまに発覚してしまうことを嫌がったのだと思います。頃合いを見計らって退職勧奨をして合意退職に至る事例がほとんどでした。

残りの3分の1の内の半分は試し出勤には一応応じるが、試し出勤中に体調不良になり、途中で、話し合いにより退職をすることになった事例で、3分の1のうち残りの半分は試し出勤は何とかクリアし、復職となるものの、しばらく経ってからまた体調が悪くなってしまい、タイミングを見計らって退職勧奨を行って合意退職に至りました。

いずれも訴訟などに発展した事例は無く、試し出勤制度は

論より証拠、北風と太陽と言えるのでは無いかと実感しました。

（3）試し出勤制度のポイント

　ポイントは①復職後の業務を想定した内容にする、②フルタイム勤務にする、③記録を詳細に付ける、④パワハラを恐れないという点です。

　紙面の都合から詳細に説明できませんが、軽作業などにはせず業務内容は復職後の業務を想定し（①）、フルタイム勤務にすることは試し出勤制度の運用としては何ら問題は無く（②）、毎日の試し出勤による勤務を詳細に日報に記載してもらい、現実を会社と休職者で共有し（③）、パワハラと主張された場合、一定の配慮を示しつつ試し勤務は続けること（④）がポイントになります。

　ちなみに最近は試し出勤制度による勤務についても最低賃金以上は支払うべきとのNHK名古屋放送局事件判決（平30.6.26名古屋高裁判決）があり、合意した上で賃金を支払うことが増えております。

　ぜひ、皆様も試し出勤制度を試していただければと思います。

60 「基本給6万円」は違法か？

#給料　#労使紛争　#残業　#有給休暇

（1）報道

　引っ越し大手企業に勤める従業員が記者会見を開き、基本給が6万円は不当であると主張しました。

　「引っ越し大手『サカイ引越センター』の社員らが、賃金の大半が『出来高払い』なのは不当だとして、会社に制度の改善を求めている。出来高払いだと毎月の賃金の変動が大きくなるうえ、残業代の割増率が低いため、長時間働いても賃金総額が抑えられる仕組みだと主張している。

　同社の労働組合と弁護士が10日に会見を開いた。それによると、荷物を運ぶ作業員やドライバーら「現業職」の基本給（固定給）は月6万円ほど。それに加えて、扱った引っ越し件数などに応じた業績給が出来高払いで支払われるという」（朝日新聞／令和4年8月10日）。

　基本給6万円などという賃金制度はどのようなものか、果たして適法なのかについて述べてみたいと思います。

（2）最低賃金に違反しないか

　固定給6万円では何となく最低賃金規制に違反するような気がします。

　それではこのような賃金制度は最低賃金法に違反するのでしょうか。

　この記者会見の記事では、業績給を出来高払いでもらっているようです。そして総額いくらもらっているのかは明確にされていません。

　固定給については月の平均所定労働時間で割れば時給を計算することができます。一方、出来高給については特殊で、出来高給を月の総労働時間（残業時間含む）で割ることになるのです（労働基準法施行規則第25条第1項6号）。

　仮に、基本給6万円で業績給24万円を受給していたとします。そして月の平均所定労働時間が170時間で、この月の残業時間が60時間だったと仮定します（残業時間を含む総労働時間230時間）。

　この場合の時給は、固定給6万円については、6万円÷170時間＝353円／時間となります。

　一方、業績給については、24万円÷230時間＝1043円／時間となります。

　この2つを足すと353円＋1043円＝1396円が上記事例の時給となります。

　どの都道府県で働いていても最低賃金を割ることにはなりません。もちろん業績給がもっと低いのかもしれませんが、

よほど低額の業績給でなければ、最低賃金を割ることはないのです。

（3）残業代の割増率が低いというのはどういうことか

上記記事では以下の様な記載があります。

「出来高払いだと毎月の賃金の変動が大きくなるうえ、残業代の割増率が低いため、長時間働いても賃金総額が抑えられる仕組みだと主張している」

割増率が低いというのはどういうことなのでしょうか。

実は、出来高給については、出来高給の中に残業代の 1.0 部分が含まれていると考えられているため、残業代としては割増部分のみ（0.25 や 0.35 など）を支払えば足りるのです（労働基準法施行規則第 25 条第 1 項 6 号）。

おそらく、出来高給は成果に着目した賃金なので、残業時間も含めた総労働時間に対して出来高給を支払っていると考えたのだと思われます。

上記（2）の事例で検討してみます。

基本給 6 万円で業績給を 24 万円、月の平均所定労働時間が 170 時間で、この月の残業時間が 60 時間だったと仮定します（残業時間を含む総労働時間 230 時間）。

この場合の時給は、固定給 6 万円については、6 万円÷170 時間＝ 353 円／時間となります。

一方、業績給については、24 万円÷ 230 時間＝ 1043 円／時間となります。

　割増賃金については、割増率を0.25であると仮定した場合、基本給部分については353円×60時間×1.25＝2万6475円、出来高給部分については、1043円×60時間×0.25＝1万5645円となります。残業代は、合計2万6475円＋1万5645円＝4万2120円となります。

　60時間の残業代としてはいささか少額に思えるかもしれませんが、現行労働基準法の下では何ら違法ではありません。

（4）有給休暇はどうなるのか

　有給休暇についても以下のように述べています。

　「基本給のベースが上がらないとボーナスも上がらない。さらに、有給休暇を取得すると1日5～6000円しか払われず、給料が下がるため、取りたくても取れない」（弁護士ドットコムニュース／令和4年8月10日）

　有給休暇を取得しても1日5～6000円しか支払われないというのはどういうことでしょうか。

　年次有給休暇の賃金については、労働基準法第39条第9項で定められたもののうち、いずれかを支払わなければいけません。そのうち、「所定労働時間労働した場合に支払われる通常の賃金」がよく用いられている支払い方法です。

　この方法で支払う場合の出来高給の取り扱いについて、前記の通り、労働基準法施行規則第25条第1項6号によって定められており、その賃金算定期間における出来高給の総額を、その賃金算定期間における総労働時間で除した金額に、

その賃金算定期間における1日の平均所定労働時間数を乗じた金額を通常の賃金に算入することになっています。

上記の（2）の事例を例に取りますと、業績給については24万円÷230時間＝1043円／時間となりますので、この時給に1日の平均所定労働時間8時間を掛けることになります。

また、固定給6万円については、6万円÷170時間＝353円／時間となりますので、こちらにも1日の平均所定労働時間8時間を掛けることになります。

そうすると上記（2）の事例で年次有給休暇を使用した場合は、1043円×8時間＋353円×8時間＝1万1168円が受給できることになります。

仮に月の所定労働日数が22日だとして、すべて有給休暇を使用すると、1万1168円×22日＝24万5696円となります。

普通にフルタイムで働くと基本給6万円＋業績給24万円＝30万円を受給できるので、有給休暇を使用すると賃金が減ってしまうことになります。

不合理かもしれませんが、これらは違法では無く、労働基準法に従った計算結果になります。

（5）まとめ

私も賃金は高ければ高い方が良いと思います。一方、引っ越し会社は顧客が支払う請負代金により成り立っているた

め、賃上げをどこまでできるかは法律では無く業績や会社の体力によることになります。労使の話し合いで解決することを望みます。

本書は労働調査会発行『先見労務管理』で好評連載中の「職場トラブル解決のヒント！」のうち、2014 年 6 月 25 日号から 2022 年 9 月 25 日号までに掲載された記事の中から、60 問を厳選し、一部加筆修正をしたものとなっています。

【 著者プロフィール 】

向井 蘭（むかい らん）

1997 年、東北大学法学部卒業後、2003 年に弁護士登録（第一東京弁護士会）。同年に杜若経営法律事務所（旧名：狩野法律事務所）に入所し、現在も同所でパートナー弁護士を務める。一貫して使用者側で労働事件に取り組み、団体交渉、ストライキ等労働組合対応から解雇未払い残業代等の個別労使紛争まで取り扱う。著書に『改訂版 書式と就業規則はこう仕え！』（労働調査会）などがあるほか、Podcast で、労働法の基礎やビジネスに関する法律の問題をわかりやすく解説する番組『社長は労働法をこう使え！』の配信を行っている。

岸田 鑑彦（きしだ あきひこ）

2005 年、慶應義塾大学法学部法律学科卒業後、弁護士登録（第一東京弁護士会所属）、杜若経営法律事務所入所。同所のパートナー弁護士、経営法曹会議会員として、訴訟手続、労働審判手続、労働委員会等あらゆる労働事件の使用者側の代理を務め、労働組合対応として数多くの団体交渉に立ち会う。著書に『労務トラブルの初動対応と解決のテクニック』（日本法令）などがある。

職場トラブル解決のヒント！

令和5年6月5日　初版発行
令和5年8月10日　初版2刷発行

著　者　向井　蘭
　　　　岸田　鑑彦
発行人　藤澤　直明
発行所　労働調査会
　　　　〒170-0004 東京都豊島区北大塚2-4-5
　　　　TEL　03-3915-6401（代表）
　　　　FAX　03-3918-8618
　　　　https://www.chosakai.co.jp/
写　真　Shutterstock

　　　　ISBN978-4-86319-989-7 C2032